Waldemar Kawerau

Magdeburg

Ein Städtebild

Waldemar Kawerau

Magdeburg
Ein Städtebild

ISBN/EAN: 9783743366053

Hergestellt in Europa, USA, Kanada, Australien, Japan

Cover: Foto ©ninafisch / pixelio.de

Manufactured and distributed by brebook publishing software (www.brebook.com)

Waldemar Kawerau

Magdeburg

Magdeburg.

Ein Städtebild

von

Waldemar Kawerau.

Nebst einem Anhang:

Albert Rathke's
Führer durch die Stadt und ihre Umgebung.

Mit 36 Illustrationen und einem Stadtplan.

Vierte umgearbeitete und erweiterte Auflage.

Magdeburg 1894.
Verlag von Albert Rathke's Buch-, Kunst- und
Musikalien-Handlung.

Nachdruck verboten!

Vorwort.

Das zuerst im Jahre 1886 erschienene anspruchslose „Städtebild" hat eine so freundliche Aufnahme gefunden, dass abermals eine neue Auflage nothwendig geworden ist. Das Büchlein erscheint diesmal in vielfach umgearbeiteter und nicht unwesentlich erweiterter Gestalt, doch bin ich sorgfältig bemüht gewesen, ihm seinen ursprünglichen Charakter zu erhalten und alles fernzuhalten, was in den durch den Titel scharf begrenzten Rahmen nicht hineingehört. Denn nicht ein Fremdenführer soll es sein, sondern eben nur ein schlichtes Städtebild, das die äussere Physiognomie des alten und des neuen Magdeburgs, seine Vergangenheit, sein Werden und sein Wachsen zu schildern sucht. Bei der gebotenen Kürze konnte das natürlich nur skizzenhaft geschehen und es lag mir fern, Vollständigkeit in der Aufzählung sogenannter Sehenswürdigkeiten auch nur anzustreben. Möge deshalb Niemand von dem Büchlein mehr und anderes erwarten, als es sein soll.

Magdeburg, im April 1894.

W. K.

Inhalt

des Städtebildes „**Magdeburg**"

von Waldemar Kawerau.

Aus der Geschichte Magdeburgs.

Einleitung S. 9. Gründung der Stadt S. 10. Kaiser Ottos Verdienste um Magdeburg S. 10. Erweiterung des Weichbildes S. 11. Gründung des Erzstiftes S. 11. Unter den Erzbischöfen S. 12. Reformationszeit S. 13. Magdeburg als „unsers Herrgotts Kanzlei" S. 14. Im 30jährigen Kriege (Zerstörung) S. 17. Otto von Guericke S. 18. Unter den Hohenzollern S. 19. Franzosenherrschaft S. 20. Befreiung und Aufblühen S. 20.

Das alte Magdeburg.

Der alte Markt S. 21. Das Kaiser Otto-Denkmal S. 21. Der alte Roland S. 23. Das neue Rathhaus S. 23. Der Rathsweinkeller S. 24. Das Francke-Denkmal S. 24. Die St. Johanniskirche S. 24. Das Lutherdenkmal S. 24. Rolle's Grab S. 25 Stadtbibliothek und Stadtarchiv im neuen städtischen Geschäftshause S. 25. Am Elbstrome S. 27. Kloster U. L. Fr. S. 27. Marienkirche S. 27. Pädagogium zum Kloster U. L. Fr. S. 28. Zur Geschichte der Marienkirche S. 29. Immermann's Geburtshaus S. 29. Der Dom S. 30. Der Domplatz (Neuer Markt) S. 35. Das Museum S. 36. Die Magdeburger Messe S. 36. Das Consistorialgebäude S. 40. Das Kriegerdenkmal S. 40. Das Friesendenkmal S. 40. Der Fürstenwall S. 43. Der Breiteweg S. 43. „Zum 10. Mai" S. 44.

Das neue Magdeburg.

Hasselbachs Verdienste um die Stadterweiterung S. 44. Der Centralbahnhof S. 45. Strassenverbreiterung S. 45. Die neue Jakobsstrasse S. 46. Stadterweiterung im Westen S. 46. Der Hasselbachbrunnen S. 47. Die Kaiserstrasse S. 47. Neue Prachtbauten S. 47. Geschichte des Theaters S 48. Das Stadttheater S. 51. Das Generalkommando (königliches Palais) S. 52. Stattliche Schulbauten S. 52. Vorbereitungsschule S. 52. Realgymnasium und Oberrealschule S. 53. Wilhelmsgymnasium S. 54. Kunstschule S. 54. Friesenturnhalle S. 54. Augusta- und Edithaschule S. 55. Domgymnasium S. 55. Lutherschule S. 56. Krankenhäuser S. 57. Friedhöfe S. 57. Kapelle auf dem neuen Kirchhofe S. 58. Wetterwarte der „Magdeb. Zeitung" S. 58. Die Wilhelmstadt (Stadtfeld) S. 59. Schlacht- und Viehhof S. 59. Stadterweiterung nach Norden S. 60. Nordfrontterrain S. 60. Reiterstandbild Kaiser Wilhelms I. S. 60. Die neuen Hafenanlagen S. 60.

Vor den Thoren.

Kloster Berge S. 61. Zerstörung des Klosters S. 62. Der Friedrich Wilhelms-Garten S. 63 Aus der Geschichte des Klosters S. 64. Die Krupp-Grusonwerke und Buckau S. 67. Grusons Gewächshäuser S 67. Herrenkrug S. 68. Strombrücke S. 68. Citadelle S. 68. Werder und Friedrichstadt S. 68. Zollbrücke S. 71. Dampferfahrt nach dem Herrenkrug S. 71. Anlagen im Herrenkrugpark S. 72. Geschichte des Herrenkrugs S. 72. Der Stadtpark S. 75. Der Vogelgesang S. 75. Das Kriegerdenkmal in der Neustadt S. 75.

Inhalt

von Albert Rathke's „Führer durch Magdeburg".

                                              Seite

I. Rundgang durch die Altstadt 79
II. Besuch des Marktplatzes 81
III. Besuch des Domplatzes und der Anlagen am Fürstenwall 81
IV. Weitere Ausdehnung des Rundganges . 82
V. Besuch der städtischen Promenaden- und Parkanlagen: 82
   1) Herrenkrug.
   2) Stadtpark, Schützenhaus und Salzquelle.
   3) Friedrich-Wilhelmsgarten.
   4) Wanderung durch das Glacis.
   5) Vogelgesang.
VI. Besichtigungen: 83
   1) Dom.
   2) Museum.
   3) Rathhaus und Stadtbibliothek (Archiv, Münzencabinet).
   4) Albert Rathke's Kunstsalon.
   5) Hafenanlagen.
   6) Schlacht- und Viehhofsanlagen.
   7) Grusonwerk und Grusons Gewächs- häuser.
   8) Friedhof und neues Krankenhaus.
   9) Steinbruchanlagen der „Wilhelma".
   10) Zschokkehaus.
   11) Franziskanerkloster.
   12) Basedow-Denkmal.
VII. Wohnung (Hotels und Gasthöfe) 85
VIII. Beköstigung (Restaurants, Cafés). 88
IX. Verkehrsgelegenheiten (Pferdebahn, Dampf- schiffe, Droschken, Dienstmänner, Post, Telegraph und Telephon) 88
X. Unterhaltung und Vergnügungen (Theater, Concerte). 90
XI. Badegelegenheiten (Winter- und Heilbäder, Sommerbadeanstalten) 91
XII Geld- und Geschäftsverkehr (Reichsbank, Bankgeschäfte, Auskunftbureaux) 92
XIII. Behörden 92
XIV. Zeitungen 93
XV. Erinnerungen an Magdeburg 93

Verzeichniss der Illustrationen.

	Seite
Stadtwappen	9
Ulrichskirche	11
Belagerung von Magdeburg 1631 (Vollbild)	15
Rathhaus	21
Denkmal Kaiser Ottos	22
Johanniskirche mit Strombrücke	25
Portal der Johanniskirche mit Lutherdenkmal	26
Marienkirche	28
Dom-Inneres	30
Domhochaltar	31
Dom-Kanzel	32
Dom von der Ostseite (Vollbild)	33
Dom von der Nordseite (Vollbild)	37
Kriegerdenkmal	39
Breiteweg mit Katharinenkirche (Vollbild)	41
Centralbahnhof	45
Hasselbachbrunnen	46
Kaiserstrasse	47
Augustastrasse (Vollbild)	49
Stadttheater	51
Königl. Palais (Generalkommando)	52
Die beiden Realschulen	53
Kunstschule	54
Augusta- und Edithaschule	54
Domgymnasium	55
Lutherschule	56
Kapelle des neuen Kirchhofes	57
Gesellschaftshaus im Friedrich Wilhelms-Garten	63
Der neue Hafen (Vollbild)	65
Herrenkrug	68
Zollbrücke mit Hafen (Vollbild)	69
Parkpartie im Herrenkrug	71
Rondel im Herrenkrugpark	73
Neustädter Kriegerdenkmal	74
Albert Rathke's Kunstsalon (alte Säle)	86
Albert Rathke's Kunstsalon (neuer Saal)	87

Aus der Geschichte Magdeburgs.

>Wohl sind wir andre, doch wir wohnen
>Im Haus, das jene aufgebaut;
>Noch hüten wir die Mauerkronen,
>Von denen jene ausgeschaut.
>   Gottfried Keller.

Wer Nürnberg oder wer das nordische Lübeck rühmt, braucht sich nicht erst zu entschuldigen; das diesen Städten gebührende Lob ist längst zu landläufiger Münze ausgeprägt, und Niemand, den sein Weg hier oder dort vorüberführt, wird versäumen, ihnen einen verweilenden Blick zu gönnen. So manche andere altehrwürdige Stadt jedoch blüht mehr im Verborgenen und nur die Kenner wissen ihre Schätze zu würdigen, während der grosse Schwarm der Touristen zumeist respectlos daran vorüberzieht. Zu diesen Städten gehört auch das alte Magdeburg, dem weder der malerische Reiz eines alterthümlichen Städtebildes noch der einer anmuthigen Umgebung mangelt, nur dass diese minder offen als anderwärts zu Tage liegen und ein aufmerksames und liebevolles Auge erheischen. Denn ganz gewiss giebt es imposantere oder lieblichere Stadtbilder, aber man braucht darum die bescheidenen Reize des unsrigen wahrlich nicht zu missachten. Wohl fehlt diesem im Grossen und Ganzen jene alterthümliche Romantik, die das Gemäuer anderer Städte geheimnissvoll umspinnt, aber wenn der Wind die Glockengrüsse des alten Domes stromauf und stromab trägt, dann durchschauert auch uns ein Hauch aus vergangenen glanz- und ruhmvollen Tagen, dann steigen glänzende Bilder aus der Vorzeit der einst so turbulenten Stadt vor uns auf, Bilder aus Zeitläuften, die voll waren von dem Klirren der Waffen, und dann wieder aus Zeitläuften voll von emsiger friedlicher Arbeit. Und sehen wir dann rings um uns das fröhliche Wachsen und Werden einer neuen Stadt, dann spüren wir's zugleich, dass es nicht nur ein Traum und ein Schatten ehemaliger Grösse ist, der uns heutigen Tages auf einer Wanderung durch die Strassen Magdeburgs das Geleit giebt.

Die Geschichte jeder Stadt, wenn man sie getreulich erzählt, ist interessant wie die Geschichte eines Menschenlebens, auch wenn ihm und manchmal gerade weil ihm das Ausserordentliche mangelt. Hier jedoch fehlt es wahrlich nicht an diesem Ausserordentlichen, denn welch' reiche und wechselvolle Schicksale erzählen uns die alten steinernen Denkmäler dieser an gewaltigen Erinnerungen reichen Stadt, die oft genug im Vordergrunde der Geschichte stand und der auch spätere Jahrhunderte den historischen Glanz vergangener Tage nicht zu rauben vermochten! Ihr Ursprung ist in Dunkel gehüllt, auch ihr Name giebt den Forschern noch immer zu rathen auf, doch fällt die Gründung der Stadt sicher noch in jene Zeit, als die Sachsen das Land bis an die Elbe, den Nordthüringgau, eingenommen hatten. Unter Karl dem Grossen, im Jahre 805, tritt die den Uebergang über die Elbe schützende Grenzveste uns zum ersten Male urkundlich entgegen, und zwar schon als Handelsstadt für das jenseits der Elbe gelegene Slavenland. Aber trotz ihrer günstigen Lage an dem grossen schiffbaren Strom und in überaus fruchtbarer Gegend nahm sie doch erst dann einen grösseren Aufschwung, als ihr Kaiser Otto der Grosse seine Sorgfalt zuwendete und erst als dieser hier das mit reichem Besitz ausgestattete Mauritius-Kloster begründet hatte, tritt sie in das helle Licht der Geschichte. Den winzigen, damals nur einen Theil der jetzigen St. Johannisparochie umfassenden Burgflecken brachte der Kaiser seiner ersten Gemahlin Editha, einer Tochter des englischen Königs Eduard, als Morgengabe dar, und hier schlug die Fürstin seitdem zumeist ihre Residenz auf und richtete alle ihre Sorge darauf, den ihr lieb gewordenen Ort gross und blühend zu machen. Bald wurde der Raum innerhalb der Mauern für die vermehrte Einwohnerschaft zu eng und so rückte die Stadt im elften Jahrhundert ein Weniges nach Westen vor, wo die schöne Kirche von St. Ulrich den Mittelpunkt bildete, während zugleich die südlich ausserhalb der Stadt gelegenen !geistlichen Stiftungen in den Schutz der städtischen Mauern mit einbezogen wurden; um 1200 wurde das Weichbild auch nach Norden hin ausgedehnt. Und damals schon konnte die Stadt in merkantiler und militärischer Beziehung als die Hauptstadt des östlichen Sachsens und Slaviens gelten, indess der Kaiser zugleich unablässig bestrebt war, auch die kirchliche Macht der Stadt zu mehren und zu festigen. Die Mönche des Moritz-Klosters siedelten nach Kloster Berge über, während das neue Erzstift die Erbschaft jenes antrat und, mit immer neuem Besitz vermehrt, schliesslich den Kern der heutigen Provinz Sachsen und zwar deren reichste und fruchtbarste Kreise umspannte. Doch auch die Stadt selbst blühte unter den Kaisern sächsischen Namens fröhlich empor: der Wohlstand mehrte sich, Kunst und Wissenschaft fanden hier liebevolle Pflege. Die mit dem Domstift verbundene Schule erfreute sich weithin eines hohen Ansehens, ja der Domscholaster Othrich galt als der grösste Gelehrte seiner

St. Ulrichskirche.

Zeit, der als „zweiter Cicero" gepriesen wurde, während
der Schule im Kloster Berge der Bischof Thietmar von
Merseburg seine Bildung verdankte, in dessen Chronik uns
zuerst eine Art gelehrter Forschung entgegentritt. Und
zu den alten kamen immer neue Kirchen und Klöster,
indess zugleich die von Otto I. begonnenen Mauern vollendet
wurden. Dem stolzen Erzstift freilich waren wechselvolle Schicksale
beschieden. In den Kämpfen Heinrichs IV. standen die Erzbischöfe unter den Widersachern des Kaisers und diese
unselige Politik hatte für das Land schweres Ungemach im
Gefolge. Erst dem „heiligen" Norbert, dem Stifter des
Prämonstratenser-Ordens, gelang es, die Rechte und Be-
sitzungen des Erzbisthums wieder herzustellen, worauf dann
sein kriegerischer Nachfolger Wichmann in manchen
glücklichen Fehden dessen Macht und Ansehen noch erweiterte. Im Verein mit Albrecht dem Bären unterwarf
der streitbare Erzbischof die im Osten wohnenden Slaven,
wobei er sich zugleich als umsichtigen Colonisator bewährte,
und rang dann erbittert, aber weniger glücklich, mit dem
gewaltigen Heinrich dem Löwen; auch seine Nachfolger
standen treu zur Sache der Hohenstaufen, bis die furchtbare
Niederlage Albrechts II. der fehdelustigen Politik des Erzbisthums ein Ziel setzte und seinen Verfall beschleunigte.
Denn auch die Stadt selbst, die nach innen und nach aussen
immer mehr erstarkt war und deren Schöffenstuhl nicht
nur im ganzen östlichen Deutschland, sondern bis nach
Böhmen, Polen und Preussen hinein in Geltung stand, auch
die Stadt selbst machte dem Erzbisthum mehr und mehr
viel zu schaffen. Wohl beherrschten Kirchen und Klöster
die Stadt, aber stolz und selbstbewusst war auch der Bürger
in seinem Rathhause, in den Versammlungshallen der Kauf-
herren und im eigenen Hause, das eine Burg der Familie
war. Der Anschluss an den Hansabund hatte ihr Selbst-
bewusstsein vollends gehoben; man empfand allgemach die
geistliche Herrschaft wie eine drückende Last und suchte
sie schliesslich gar mit bewaffneter Hand abzuschütteln.
Und in diesen Fehden ging es nicht eben sanft her: Erzbischof Burchard fiel (1228) in die Hände der Städter
und ward in dem als Gefängniss dienenden Keller unter
dem Rathhause heimlich getödtet. Schwer sollte diese
blutige That an den Magdeburgern sich rächen; sie ver-
fielen in Bann und Acht, und erst die demüthigste Unter-

werfung unter die Erzbischöfe befreite sie von dieser Vervehmung. Seitdem zieht sich durch das ganze Mittelalter hindurch der mit immer neuer Erbitterung ausbrechende Kampf zwischen der Stadt und den Erzbischöfen, während es zugleich auch an den üblichen Zwistigkeiten innerhalb der Bürgerschaft selbst nicht mangelte. Denn die Magdeburger waren derzeit ein fehdelustiges Völklein, was sie denn freilich oft hart und bitter haben büssen müssen. Hier wie anderwärts geriethen Innungen und Patriziat mehr als einmal hart aneinander und vergeudeten so ihre Kräfte in häuslichen Fehden, während draussen die Welt ihren Gang ging und Stück für Stück des alten Reiches Herrlichkeit zertrümmerte.

Eine neue Zeit brach an und setzte allen diesen Kämpfen ein Ende. Das Lied der Wittenberger Nachtigall fand hier in Magdeburg alsbald ein fröhliches Echo und schon im Jahre 1524 war diese an Kirchen und Klöstern reiche Stadt, die einst ein römischer Kardinal als „Klein-Rom" bezeichnet hatte, endgültig für die Sache der Reformation gewonnen worden. Noch in demselben Jahre predigte Luther selbst an der Stätte, wo er einst als Knabe bei den Brüdern des gemeinsamen Lebens, den „Nullbrüdern" seinen ersten Unterricht empfangen und auf den Strassen um Brot „um Gottes willen" gesungen hatte; damals hatte auf ihn nichts einen so unauslöschlichen Eindruck gemacht, als der Anblick des Fürsten Wilhelm von Anhalt, den er, mit der Franziskanerkutte angethan, auf dem Breiten Wege unter der Last des Bettelsackes keuchen sah. Jetzt konnte er hier in der Kirche seines Klosters, am 26. Juni auch in der St. Johanniskirche vor einer ungewöhnlich grossen Menschenmenge predigen, und als er nach etlichen Tagen wieder von hier schied und mit einem stattlichen Geleit bewaffneter Bürger gen Zerbst zog, da konnte es Niemandem in der Stadt mehr zweifelhaft sein, dass der Sieg gewonnen war. Mit Kardinal Albrecht schied der letzte Erzbischof von Magdeburg und das Erzstift wurde fortan von Administratoren verwaltet, die sämmtlich, mit Ausnahme des letzten, aus dem Hause Brandenburg stammten. Und die Reformation war es auch, die seitdem dem ganzen geistigen Leben der Stadt ihren Stempel aufdrückte. Das ganze frühere Mittelalter hindurch war die Bildung durchaus geistlich, waren die Klöster die eigentlichen Pflegstätten geistiger Cultur gewesen, und ganz allmählich nur hatte sich dank den immer mehr

emporblühenden Städten und dem gesteigerten Verkehr ein
Umschwung vorbereitet, der nun nicht länger mehr aufzuhalten
war. Wie das städtische Patriziat von der humanistischen
Bildung nicht unberührt geblieben war, so brach
auch in den breiteren Volksschichten mehr und mehr die
Erkenntniss sich Bahn, dass Bildung eine Macht sei, weshalb
nun bald allenthalben städtische, meist an die Pfarrkirchen
sich anlehnende Schulen gegründet wurden. Dadurch und
mehr noch durch die Erfindung des Bücherdrucks war auch
dem Volke die Pforte für geistigen Erwerb geöffnet worden
und nun erst konnte die Bildung aus den engen Zellen und
Kreuzgängen der Klöster auf den Markt des Lebens hinausschreiten.
Zunächst freilich überwog naturgemäss noch das
religiöse Interesse, da es vor allem religiöse Auseinandersetzungen
durchzukämpfen galt: eine reiche Flugschriftenliteratur
ging tapfer dem Papismus zu Leibe, und nirgends
fand das Schuldrama in deutscher Sprache, das biblische
Drama im Sinne Luthers, liebevollere Pflege als hier, wo
Pastoren und Schulmeister um die Wette beflissen waren,
Bibelkenntniss und reine lutherische Lehre in dieser Form
auszubreiten. Ja, Magdeburg ward alsbald eine der festesten
Burgen der Ketzerei, nicht selten noch lutherischer als
Luther selbst, ward ein Hauptherd der strengsten Orthodoxie
und allen Unionsversuchen auf das Gründlichste abhold.
Nirgends war der Widerstand gegen das Interim stärker
als hier, und ihre erfolglose Belagerung durch den Kurfürsten
Moritz konnte den Ruhm der tapferen protestantischen Stadt
nur noch erhöhen. Zugleich war diese eben damals der
Mittelpunkt einer literarischen Thätigkeit geworden, deren
Einwirkung weit über ihre Mauern hinausreichte. In dem
knappen Zeitraum von drei Jahren flatterten von hier aus
nahezu an zweihundert Flugschriften über das Land, die
zum grössten Theil direct gegen das verhasste Interim und
was damit zusammenhing, gerichtet waren und der Stadt den
Ehrentitel „unseres Herrgotts Kanzlei" eintrugen;
auch wurde damals das protestirende Magdeburg zu einer
Art Freistätte für die protestantischen Flüchtlinge, von denen
insbesondere der junge heissblütige Matthias Flacius
Illyricus und der liebenswürdige Fabeldichter Erasmus
Alberus allzeit mit Ehren zu nennen sind. Eine besonders
werthvolle Frucht jenes strammen Lutherthums waren die
Magdeburger Centurien, der erste im Plane grossartige
Versuch einer protestantischen Kirchengeschichte, ein

Ansicht der Belagerung von Magdeburg im Jahre 1631.

Beilage zu Magdeburg 1.

Verlag: Albert Rathke, Magdeburg

imposantes Monument fleissiger Gelehrsamkeit, bahnbrechend
und fruchtbar trotz aller Einseitigkeit und Engherzigkeit;
eine andere die Uebertragung und Herausgabe nieder-
sächsischer Bibeln, die jedoch den durch Luthers Bibel-
übersetzung angebahnten Siegeszug der hochdeutschen
Schriftsprache nicht aufzuhalten vermochten. Auch im
Laienstande war damals an gelehrten Männern kein Mangel;
wie die Juristen waren auch die Magdeburger Aerzte fast
durchweg Einheimische und der Name mehr als eines
tüchtigen Mannes ist uns aus jenen Tagen einer anbrechenden
neuen Zeit erhalten. In hoher Blüte stand die hochberühmte
Stadtschule, deren erste wackere Leiter, Kaspar Cruciger
und Georg Major, später an der Wittenberger Hoch-
schule docirten; namentlich aber ist der gelehrte Scholarch
und Dichter des Froschmeuseler, Georg Rollenhagen,
ebenso wie sein productiverer Sohn, der juristische Vicarius
Gabriel, ein eleganter Neulateiner, weit über die Grenzen
der Stadt bekannt.

Aber bald wurde diese frische und fröhliche Arbeit
jählings unterbrochen; der entsetzlichste Krieg brach los
und trat alles blühende Leben zu Boden. Als Religions-
krieg hatte er begonnen, um in einem unsinnigen Gemetzel,
in einem wilden Wüthen gegen friedliche Bürger und
Bauern zu enden. Drei Jahrzehnte fegte der Sturmwind
über die Lande, zerstörte die Saaten und Gärten, die
Strassen und Gehege, die Dämme und Flüsse, und wirbelte
den Sand unter der Pflugschar hinweg. Zwar die erste
Belagerung Magdeburgs im Jahre 1629 ging noch
ohne allzu schwere Schädigungen vorüber; als dann aber
der seines Landes beraubte Administrator Christian Wilhelm
mit dem neuen Rathe der Stadt in Verbindung getreten
war und das Bündniss mit den Schweden abgeschlossen
hatte, da zogen Tilly und Pappenheim auf's Neue
einen eisernen Ring um die Stadt und eroberten sie
schliesslich nach tapferer Gegenwehr, ehe König Gustav
Adolf zur Stelle war. Jener 10. Mai 1631, an dem
Mord und Brand durch die Gassen sich wälzten, ist bekannt
als eins der dunkelsten Blätter in der Geschichte jener
furchtbaren Jahre. Binnen zwölf Stunden lag die Stadt mit
ihrem schönen Rathhause, ihren sechs Pfarrkirchen, den
verschiedenen Kollegiatstift- und Klosterkirchen, Kapellen
und Hospitälern, mit allen Wohnhäusern, ja selbst mit ihren
Thoren und deren Thürmen und Brücken — allein die am

Sudenburgerthore ausgenommen — in Schutt und Asche. Nur ein Häuflein kleiner Häuser am Fischerufer und in der Diebshenkergasse (der heutigen Weissgerberstrasse), das Kloster Unser Lieben Frauen und der Dom, einige Domherren- und Stiftskurien, die Domdechanei und das Müllenvoigteigebäude blieben erhalten. Als zwei Tage später zum ersten Male wieder die Pforten des Domes sich öffneten, da rief vom Portal des Gotteshauses aus der Domprediger Bake dem greisen Sieger Tilly die einen Vergilschen Vers variirenden Worte entgegen: „Troer waren wir, Ilium war und der Elbstadt strahlender Ruhm", und ein noch im gleichen Jahre als Flugblatt verbreitetes Kupfer stellte die Jungfrau von Magdeburg mit einem zerrissenen Rosenkranz im Haar im Sarge liegend dar, über den ein entblätterter Rosenstock seine dürren Zweige emporreckte. Wenige Stunden hatten hingereicht, um die altehrwürdige Stadt in ein Trümmerfeld zu verwandeln; was eben noch blühendes Leben gewesen, war in grauenhafter Verwüstung zerstört worden und vernichtet schien die Zukunft eines Gemeinwesens, das nach stolzer Vergangenheit eben noch einer stattlichen Gegenwart sich erfreut hatte.

Doch auch damit war des Elends noch nicht genug, denn noch zwei weitere Belagerungen folgten, da der Kurfürst von Sachsen als Preis für seinen Anschluss an den Kaiser auch das Erzstift Magdeburg für seinen Sohn August erhalten hatte. Und was die mordenden und sengenden Feinde übrig gelassen, das nahmen Pest und Hungersnoth noch mit fort.

Als dann am Neujahrstage des ausgehenden Krieges Paulus Gerhardt sang und betete: „Schliess zu die Jammerpforten und lass an allen Orten nach soviel Blutvergiessen die Friedensströme fliessen", da war Magdeburg ein Trümmerhaufen, und als dann endlich der langersehnte Frieden kam, da kam mit ihm das Gefühl allgemeiner Erschöpfung. Aber auch aus diesen dunkeln Tagen leuchtet der Name manches wackeren Mannes, vor Allem der Otto von Guerickes, des berühmtesten und populärsten Magdeburgers, in dem Gelehrsamkeit mit weltmännischer Klugheit, zäher Bürgerstolz mit politischer Schlauheit sich paarte, während zugleich in all den Niederlagen, in Anfechtung und Missgeschick Muth und Thatkraft der Bürgerschaft sich gestählt hatten. Wohl war in jener trostlosesten Periode deutschen Lebens, in der einem der leidenschaftlichsten und tönereichsten deutschen

Dichter ganz Deutschland nur ein einziger Kirchhof zu sein schien, keine andere Stadt von Brand und Plünderung ärger heimgesucht, keine ärger ausgezogen und ausgesogen worden als Magdeburg, aber doch war ein unzerstörbarer Bodensatz von alter Kraft und Tüchtigkeit übrig geblieben und den Reichthum alter Gesittung hatten die Flammen nicht gänzlich verzehren können. Man hatte gelernt, die Arme brauchen und den Sinn anstrengen, hatte auch gelernt, das mühsam Erworbene zusammenzuhalten und gewann so die unbeugsame Kraft, die alle späteren Stürme siegreich überdauerte. Zudem war es als ein glückliches Geschick zu preisen, dass einige Jahrzehnte nach dem Westfälischen Frieden der frisch aufstrebende jugendliche Staat der Hohenzollern die erschöpfte Stadt ihrer scheinbaren Freiheit beraubte, um sie eine grössere gewinnen zu lassen, und nicht zuletzt verdankt es Magdeburg den Hohenzollernfürsten, dass es aus dem Schutte der Verwüstung so schnell sich erhob, dass sein Handel und Wohlstand nicht verkümmerte, dass ein neuer Geist die alten Formen belebte. War doch gleich einer Erbschaft von dem Hause der Markgrafen von Brandenburg aus anhaltischem Stamm an die Hohenzollernfürsten das Streben nach dem Ziele übertragen worden, auf den wichtigen binnendeutschen Gebieten an der Elbe und Saale festen Fuss zu fassen. Nun schien die Frucht langer Bestrebungen weiter als je in die Ferne gerückt, als im Jahre 1628 jenem sächsischen Fürstensohne die Zügel der Regierung des Erzstiftes übergeben worden waren. Aber die Waffen der Brandenburger im Verein mit der zähen Diplomatie und der entschlossenen Thatkraft des Grossen Kurfürsten hatten im Westfälischen Frieden dem Hause Brandenburg die Ansprüche auf das Erzstift gerettet. Und erst seitdem die schwarz-weisse Fahne auf Magdeburgs Wällen wehte, erst da war der Kern des gefahrvoll weitgedehnten Staates des glorreichen Siegers von Warschau und Fehrbellin gesichert; erst jetzt war es möglich, das innere Norddeutschland gegenüber einem etwaigen grossen nordischen Einfalle wirksam zu vertheidigen; erst jetzt war die breite Lücke geschlossen, die bisher noch zwischen der alten Mark und Halberstadt klaffte. Und der Fürsorge der Hohenzollern gelang es auch, eine neue Aera des Aufblühens von Handel, Gewerbe und Industrie, des Aufschwunges der Landwirthschaft, eine Aera des Wohlstandes über die von dreissigjährigen Kriegsgräueln schrecklich heimgesuchten Lande zu verbreiten. Die Stürme des siebenjährigen Krieges zogen an Magdeburg vorüber. Die alte Veste war der unbezwungene Anhalt der Kronlande des grossen Königs und bot für längere Zeit seinem Hofe einen sicheren Zufluchtsort. Dagegen fiel die Stadt nach der Schlacht bei Jena Dank der Feigheit ihres Gouverneurs ohne Schwertstreich in die Hände der Franzosen und musste nun den ganzen Jammer der Fremdherrschaft und zugleich den bittersten Schmerz um des Vaterlandes tiefste Erniedrigung erdulden. Vieles in- und ausserhalb der Stadt ward zerstört, so namentlich das altberühmte Kloster Berge. Erst im Mai 1814 konnte die Stadt unter preussische Herrschaft zurückkehren.

Die folgenden Friedensjahre haben rasch die Wunden geheilt; fröhlich blühte die Stadt wieder auf, zumal seit sie durch zahlreiche Eisenbahnen in das grosse Verkehrsnetz gezogen war; Handel und Wandel hoben sich, die Einwohnerzahl nahm stetig zu. Liebe zur heimatlichen Scholle, Fleiss, Kraft und Selbstvertrauen, diese bürgerlichen Tugenden haben den Sieg davon getragen. Und man kann fast sagen, das Werden des preussischen Staates selber drücke sich fortan in den aufeinanderfolgenden Gestaltungen des alten Waffenplatzes und der alten Handelsstadt an der Elbe aus: an den kleinen, Jahrhunderte alten Kern hat sich bald hier, bald dort, weit ausgestreckt, Neues angesetzt, allmählich ein Ganzes bildend, in dem doch immer noch die einzelnen Theile mit leichter Mühe zu erkennen sind. Und vollends seitdem der alte, Athem beengende Gürtel gefallen ist, flutet das alte Magdeburg hinüber in ein neues, rückt es immer weiter in die Ebene vor und umklammert mit seinen steinernen Armen offene Flächen, die unlängst noch mit Gärten, Wiesen und Feldern bedeckt waren und gewinnt so nach und nach jenen grossen Zug, der laut und eindringlich den Aufschwung des Gemeinwesens und den Wohlstand der Bewohner verkündet.

Das alte Magdeburg.

Der Fremde, der in einer Stadt gern den Spuren der Vergangenheit nachgeht, wird in Magdeburg seine Schritte zunächst zum Alten Markte lenken, der immer der Mittelpunkt der Magdeburgischen Geschichte und der Schauplatz aller entscheidenden Ereignisse gewesen ist. Zwar das schlichte mit einem Thürmchen bekrönte Rathhaus ist neueren Ursprungs (1691) und weiss von der Jugend Magdeburgs nichts zu erzählen, da es erst zwei Jahrhunderte auf den Platz und sein buntes Treiben herniederschaut.

Das Rathhaus.

Aber noch umsäumen etliche alte Giebelhäuser den geräumigen Marktplatz; über das Dach des Rathhauses ragen die beiden wie Bleistifte zugespitzten Thürme der Johanniskirche empor und vor seinem Portal reitet unter einem gothischen Baldachin noch heute wie vor Zeiten der grosse Kaiser Otto. Nichts Freundlicheres kann man sich denken als diesen Markt mit den alterthümlichen Häusern an den Seiten und den Kirchthürmen, die hoch darüber in die blaue Luft ragen. Vor Allem muss man ihn in seiner Glorie sehen, wenn hier unter freiem Himmel der Wochenmarkt sich aufgethan hat und an Buden und Karren Käufer und Verkäufer sich in malerischem Gewimmel zusammendrängen. Und durch zahlreiche historische Erinnerungen ist dieser Platz für alle Zeiten geweiht worden. Mit Fug und Recht hat die dankbare Stadt grade den Kaiser Otto durch das hier errichtete steinerne Denkmal geehrt, da dieser Fürst es war, der den Grund zu Magdeburgs Glanz und Wohlstand gelegt hat. Das allem Anschein nach aus dem letzten Jahrzehnt des dreizehnten Jahrhunderts stammende Monument, das sich hier an einer Stätte lebendig flutenden bürgerlichen Verkehrs erhebt, ist in Deutschland einzig in seiner Art, und man kann die wunderbare Schicksalsgunst nicht genug preisen, die dieses geschichtliche Kleinod aus der Katastrophe des Jahres 1631 in die neue Zeit hinübergerettet hat. Auf hohem Postament erhebt sich die Reiterstatue des Kaisers in etwas mehr als Lebensgrösse, er selbst jugendlich, bartlos, mit lang herabwallendem Haar, den Ausdruck königlichen Edelsinnes in den mit lebendigem Natursinn gestalteten Zügen, drei Finger der rechten Hand segnend ausgestreckt, die linke am Zügel. Zwei kleinere weibliche Figuren zu den Seiten des Reiters pflegt die Tradition gerne als die beiden Gemahlinnen Ottos zu deuten, während ihnen in Wahrheit jedenfalls eine symbolische

Denkmal Kaiser Ottos.

Deutung zukommt. Acht korinthische Säulen tragen den mit einer welschen Haube bekrönten Baldachin, unter dem der Kaiser ruhig und gelassen dahinreitet. Hier auf diesem Platze erklang dann später, als von Wittenberg die neue Lehre ausging, das erste evangelische Lied, das eben hier an dem vergoldeten Denkmal ein schlichter Mann aus dem Volke anstimmte, wodurch die Sache der Reformation in der alten erzbischöflichen Residenz entschieden ward. Hier schwur dereinst die Bürgerschaft Magdeburgs dem Grossen Kurfürsten den Eid der Treue, als das Erzstift nach dem Tode seines letzten Administrators, August von Sachsen, als weltliches Herzogthum der brandenburgischen Krone anheimfiel, und hier endlich jubelte die Bevölkerung der alten Stadt an einem unvergesslichen Junitage (4. Juni 1880), als sie mit Pracht und Glanz die zweihundertjährige Zugehörigkeit Magdeburgs zum Staate der Hohenzollern feierte, dem greisen Kaiser Wilhelm entgegen, der, umgeben von Sohn und Enkel, hier an dieser historischen Stätte die erneuten Gelöbnisse der Liebe und Treue entgegennahm.

Sein heutiges Ansehen hat der Alte Markt erst seit dem ersten Drittel des vorigen Jahrhunderts. Das alte Rathhaus war beim Brande der Stadt mit in Flammen aufgegangen und mit ihm war auch der alte Roland vernichtet worden, der vordem zwischen dem Standbild Kaiser Ottos und dem Hause des Marktrichters (Alte Markt No. 16) seinen Platz hatte und von dem einst ein Lied aus der Reformationszeit gesungen hatte:

> To Meideborch up dem markede
> dar steit ein isern man;
> wolden en de papen hebben,
> mannich Spanier möst daran.

Ueber den Erbauer des neuen Rathhauses lässt sich leider nichts Sicheres ermitteln. Noch zu Anfang des achtzehnten Jahrhunderts stand mitten auf dem Platze die Hauptwache, rechts und links von Kanonen flankirt; vor ihrer Front prangte der hölzerne Strafesel für die Uebelthäter der Garnison und dahinter erhoben sich drei Galgen, deren schreckhafter Anblick die damaligen nervenstarken Geschlechter wenig beunruhigte. Da griff Fürst Leopold von Anhalt-Dessau, der „alte Dessauer", der lange Jahre hindurch als Gouverneur der Stadt ein zwar strenges, aber wohlthätiges Regiment führte, mit rauher Hand ein und liess jene seltsamen Zierden ohne viel Federlesens entfernen, während er zugleich die Hauptwache in das frühere städtische Zeughaus beim Rathhause einquartirte. Doch das Alles liegt weit zurück, und der steinerne Otto könnte von manchem Wechsel und Wandel rings um ihn her erzählen. Auch der alte Rathsweinkeller, in dem dereinst am braunen Eichentischen Bürger und Rathsmänner friedsam mit einander becherten, auch er hat sich allgemach modernisiren und in die neue Zeit schicken müssen. Doch ist's in seinen Tiefen nicht minder traulich und behaglich, seitdem die rauchgeschwärzten Wände ein farbenfrohes neues Gewand erhalten haben und mit weisheitsvollen Sprüchen inmitten lustigen, bunten Geranks zu Jedermanns Ergötzlichkeit in weit sichtbaren Lettern bemalt sind.

Aber auch draussen, auf dem Marktplatze selbst, reichen Vergangenheit und Gegenwart sich die Hände. Vor der Hauptwache, unweit von Rathhaus und Kaiser Otto-Denkmal, steht noch ein anderes Standbild, das einen Mann im schlichten Bürgerrocke darstellt. Eine Inschrift am Sockel kündet uns, dass die Stadt Magdeburg „ihrem Oberbürgermeister August Wilhelm Francke" dieses Denkmal, ein schönes Werk Gustav Bläsers, errichtet hat. Die dankbare Bürgerschaft hat damit den Mann geehrt, der recht eigentlich als der Begründer des neuen Magdeburgs zu betrachten und dem sie für viele segensreiche Schöpfungen in ganz besonderem Maasse verpflichtet ist.

An der Rückseite des Rathhauses erhebt sich die hochragende alte städtische Pfarrkirche von St. Johannis, an die sich von allen Seiten, wie Küchlein um die Henne, die Häuser herandrängen. Es ist ein plumper, massiger Bau ohne sonderliche architektonische Reize, aber vor allen übrigen Kirchen Magdeburgs geweiht durch historische Erinnerungen. Denn hier, auf der Kanzel von St. Johannis, predigte am 26. Juni 1524 Martin Luther und packte und erschütterte die Gemeinde durch die Kraft und Herzlichkeit seiner Rede und den sieghaften Zauber seiner geistesmächtigen Persönlichkeit. Zur bleibenden Erinnerung daran erhebt sich heute vor dem Portal der Kirche des Reformators ehernes Standbild, ein kraftvolles Werk Hundriesers, zu dem der Grundstein im Lutherjahre 1883 gelegt worden war. Das Haupt hoffnungsvoll nach oben gerichtet, die Rechte wie betheurend auf das Bibelbuch gelegt, so steht die Gestalt des schlichten und tapferen Mannes vor uns, sich leuchtend abhebend von dem altersgrauen Gestein des Gotteshauses, durch das dem Denkmal der wirkungsvollste Hintergrund gegeben ist. Und noch eines anderen Mannes Gedächtniss wird für immer mit dieser Kirche verbunden bleiben. An ihre Nordseite lehnt sich ein Grabstein, der den Namen des an dieser Stelle am 3. Januar 1786 zur letzten Ruhe gebetteten Musikdirectors Johann Heinrich Rolle trägt, eines Mannes, in dem ein glanzvolles Kapitel aus der Geschichte des Magdeburgischen Musiklebens verkörpert ist. Er begründete hier die öffentlichen Concerte, zu denen aus näherer und weiterer Ferne die Musikfreunde herbeiströmten und in denen er zumeist seine eigenen Oratorien zu Gehör brachte, die Jahrzehnte hindurch vielen Tausenden ein Quell edelsten Genusses waren und den grossen Schöpfungen Bachs und Händels den Boden bereiteten.

Johanniskirche mit Strombrücke.

Der Johanniskirche gegenüber ragt ein moderner Monumentalbau empor, der den Zwecken der städtischen Verwaltung dient, da die Räume des alten Rathhauses bei der immer grösseren Ausdehnung der Stadt allgemach nicht mehr ausreichten. In diesem Neubau haben auch Stadtbibliothek und städtisches Archiv Unterkunft gefunden, deren reiche Schätze nunmehr bequemer zugänglich geworden sind, als es in den engen Räumen des alten Hauses der Fall war, wo allmählich Luft und Licht aufs Empfindlichste mangelten. An der Südseite der Kirche aber führt die Strasse bergab der Elbe zu, eine alte malerische Gasse, in

Portal der Johanniskirche mit Lutherdenkmal.

die von rechts und links gleich enge, gleich lärmende und gleich malerische Gässchen einmünden. Zwischen düsteren und verwitterten Häusern entdeckt das Auge ein wunderbar Stücklein alterthümlicher Architektur, oder ein stattliches Bürgerhaus im besten Renaissancestil; da sind Gassen, die bergauf und bergab klimmen, Treppen, die den Zugang zu einer höher gelegenen Strasse vermitteln und von oben hereinfallend der Sonnenschein mit seinem unbeschreiblichen Spiel von Licht und Schatten. Auch unten am Strom selbst gewahren wir die gleiche reizvolle Mischung von Altem und Neuem: alte Giebel spiegeln sich in der stillen Flut, aber niemals fehlt der malerischen Vedute die bewegte Staffage eines lebhaften Verkehrs und schier athemloser Geschäftigkeit.

Von dem alten Magdeburg sind im Uebrigen verhältnissmässig nur noch wenige Spuren vorhanden, darunter als eins der ältesten und reizvollsten Ueberreste der Vergangenheit das bescheiden in die Häuserfront der Regierungsstrasse eingefügte Kloster U. L. Frauen, in dessen Mauern ein an grossen Erinnerungen reiches Kapitel deutscher Kirchen- und Schulgeschichte sich abgespielt und dessen Pädagogium bis zu dieser Stunde den alten Ruhm dieser ehrwürdigen Schulanstalt glänzend behauptet hat. Als Kollegiatstift vom Erzbischof Gero im Jahre 1015 gegründet, wurde es im zwölften Jahrhundert ein weit und breit berühmtes Prämonstratenser Kloster und endlich eine evangelische Schule, die im Laufe der Jahrhunderte ein ganzes Heer tüchtiger Gelehrten und Beamten gebildet hat. Seine kirchliche Bedeutung begann, als der eifrige Bussprediger Norbert zum Erzbischof von Magdeburg gewählt worden war, wo er dieses Kloster rasch zum Mittelpunkte einer weit verzweigten Missionsthätigkeit zu machen wusste. Allenthalben in Sachsen entstanden neue Ansiedlungen und Klöster der Prämonstratenser, während zugleich das Mutterkloster selbst immer grössere Macht und immer grösseres Ansehen sich eroberte. Und auch nachdem Norbert 1134 gestorben und sein Leichnam im Chor des Klosters beigesetzt worden war, blieb noch lange der Geist dieses „Heiligen" in den Kreuzgängen und Zellen lebendig. Stolz und stattlich ragten des Klosters Mauern und die Thürme seines Gotteshauses, der Marienkirche, über die niedrigen Häuser, und während des ganzen Mittelalters blieb dieses Kloster eine feste Burg der Kirche, in der es niemal an ernsten Geistern fehlte, die ehrlich bestrebt waren, das mittelalterliche Ideal des religiösen und kirchlichen Lebens zu verwirklichen.

Und eine feste Burg des alten Glaubens blieb es auch, als die gewaltige reformatorische Bewegung hereinbrach, und selbst dann noch, als die Magdeburger schon längst der neuen Lehre sich angeschlossen hatten. Erst am 25. März 1591 wurde auch hier die erste evangelische Predigt gehalten, worauf etliche Jahre später (1597) der erste evangelische Propst Adam Löder durch seinen Amtsantritt die neue Wandlung besiegelte. Damit brach für das Kloster eine neue Epoche an. Seine kirchliche Bedeutung war dahin, aber nun blühte die Schule fröhlich auf und entwickelte sich rasch zu einer angesehenen Lehranstalt, die allen Wandel der Zeiten siegreich überdauerte. Die alten Klostergebäude wurden dem Zwecke des Pädagogiums entsprechend im Laufe der Zeiten umgebaut, und nur der reizvolle romanische Kreuzgang, der einen anmuthigen grünen Garten umschliesst, kündet noch heute von des Hauses einstiger Bestimmung und von des Klosters schicksalsreicher Vergangenheit.

Aber während so aus den Ruinen des Klosters ein frisches, neues Leben emporwuchs, gestaltete sich die

Marienkirche.

Geschichte des Gotteshauses, des ältesten erhaltenen kirchlichen Bauwerks Magdeburgs, minder erfreulich. Von der ersten Anlage Geros ist nichts mehr vorhanden, wohl aber ist es unzweifelhaft, dass die ältesten Bestandtheile der Kirche einem durch Erzbischof Werner (etwa im Jahre 1080) veranlassten und vermuthlich erst unter seinem Nachfolger Heinrich vollendeten Neubau angehören. Mancherlei wurde im zwölften Jahrhundert umgestaltet, worauf man im folgenden radicaler vorging, die Kirche überwölbte und die Innenwände ziemlich gewaltsam überkleidete. Immerhin sind Chor und Querschiff noch Reste jenes alten Baues, und auch die malerischen Thürme mit ihren Wandsäulchen und weit ausladenden Gesimsen haben schon sieben Jahrhunderte überdauert. Dieses schönen Gotteshauses sollten sich jedoch die Evangelischen nach dem Siege der Reformation nicht lange erfreuen. Im Jahre 1628 fiel es an die Prämonstratenser zurück, diente dann zeitweilig den vertriebenen Mannheimern, um endlich in unserem Jahrhundert wieder einer katholischen Gemeinde überwiesen zu werden. Erst im Jahre 1878 fiel die Kirche endgültig an das Kloster zurück und stand seitdem durch dreizehn Jahre wüst und leer, bis sie endlich am 17. December 1891 durch eine würdige Feier dem evangelischen Gottesdienste zurückgegeben wurde, nachdem sie zuvor im Innern völlig restaurirt und die ganze Schönheit des alten Baues wieder hergestellt worden war.

Auch hier berühren sich Vergangenheit und neue Zeit. Denn unweit des Klosters, in der Grossen Klosterstrasse, steht ein schlichtes Haus (No. 18), das die Erinnerung an einen deutschen Dichter in uns aufweckt, dessen Wiege hier gestanden, und der dem Pädagogium des Klosters U. L. Frauen die soliden Grundlagen seiner Bildung zu verdanken hatte. Es ist das Geburtshaus Karl Immermanns, des Dichters des „Münchhausen", der hier in Magdeburg seine ersten Jugendeindrücke empfangen hat. Der Knabe sah hier im Jahre 1805 auf dem Fürstenwall zum ersten Male die Königin Luise; er gewann hier nach den Unglückstagen von Jena und Auerstädt die „erste grosse Anschauung des grausenvollsten Sturzes" und erlebte nach angstvollen Tagen der Belagerung den schmählichen Fall der stolzen Festung. Lebhaft gedachte er dieser schmerzlichen Jugendeindrücke, als er im Juli 1815 als junger Freiwilliger als Sieger mit in Paris einzog. Im Jahre 1824 führte ihn sein Beruf noch

einmal in die Heimatstadt und in das mittlerweile des Vaters
beraubte Elternhaus zurück, und hier in Magdeburg gewann
er auch die Liebe der edlen Frau, Marianne Niemeyer, die
ihm später das schönste literarische Denkmal errichtet hat.

Dom-Inneres.

Als eine „ganz
ausserordentliche Thatsache" bezeichnete es Karl
Rosenkranz,
auch ein Magdeburger Kind,
in seinen
Lebenserinnerungen, dass
„das prosaische
Magdeburg
einen Dichter
hervorgebracht" hatte
und wusste ergötzlich davon
zu erzählen, mit
welcher Verwunderung die
Magdeburger
damals den
schönen kräftigen Mann mit
der hohen gewölbten Stirn
und den
klugen Augen
anstaunten.

Doch die Krone und den köstlichsten Schmuck der
Stadt bildet der altehrwürdige gothische Dom, der als
gewaltigstes Denkmal einer fernen Vergangenheit noch heute
wie vor Zeiten stolz und stattlich in die Lüfte ragt. Der
von Otto dem Ersten gegründete Dom war am Charfreitag
des Jahres 1207 durch eine Feuersbrunst zerstört worden
und nur einige antike Säulen dieses ältesten Gotteshauses
und die ehernen Grabplatten der Erzbischöfe Gieseler und
Friedrich sind noch heute im hohen Chore erhalten; Erz-

bischof Albrecht II. legte im folgenden Jahre den Grund zu der neuen Kathedrale, die jedoch erst 1363 von dem Erzbischof Dietrich geweiht werden konnte. Noch bis zum Schmalkaldischen Kriege musste an der Riesenkirche gebaut werden; die beiden hochragenden Thürme waren erst im Jahre 1520 vollendet.

Kein Laut des Tagewerks dringt lärmend in das ehrfurchtgebietende Gotteshaus; nur die Sonnenstrahlen gleiten durch die hohen Kirchenfenster, huschen über die alten Monumente und malen auf den marmornen Hochaltar goldene Lichter. Zwölf mächtige Pfeiler tragen das Hauptschiff, das von der Kapelle unter den Thürmen aus am schönsten und reizvollsten sich vor uns ausbreitet. Und von welch' reicher Geschichte könnten diese gewaltigen Steinmassen erzählen! In seinem Innern birgt der Dom die Gebeine Kaiser Ottos, seiner Gemahlin Editha und

Dom - Hochaltar.

vieler Erzbischöfe, deren einem Peter Vischer anno 1495 ein mit den Gestalten der zwölf Apostel geschmücktes kunstvolles Grabmal errichtet hat. Im Chor deckt eine Marmorplatte den Sarg des Kaisers; ein steinernes Grabdenkmal des fünfzehnten Jahrhunderts bezeichnet die Ruhestätte Edithas. Und beträchtlich ist nach Umfang [und] Werth, was die erste grosse Blütezeit der mittelalterlichen Plastik des dreizehnten und die ersten Jahrzehnte des vierzehnten Jahrhunderts in diesem Gotteshause uns hinterlassen haben. In der sitzenden Gruppe des kaiserlichen Stifterpaares besitzt es ein bedeutendes Werk im Stile der Frühzeit des dreizehnten Jahrhunderts, und nicht minder interessant ist die bildnerische Ausschmückung des nördlichen Kreuzschiffportals, der Paradiespforte, deren Entstehung wohl ein halbes Jahrhundert später als die jener Gruppe zu setzen ist.

Dom-Kanzel.

Der Gegenstand der Darstellung sind die klugen und thörichten Jungfrauen aus dem Gleichniss, je fünf rechts und links der Thür, im Bogenfelde Tod und Himmelfahrt Mariä, in den Ecken der Vorhalle die Gestalten der siegenden Kirche und des überwundenen Judenthums — das Ganze ein Werk von gediegener Tüchtigkeit, das insbesondere in den überlebensgrossen Figuren der Kirche und des Judenthums einen Meister von ausgeprägter Besonderheit erkennen lässt. Auch das wohl nicht viel jüngere, das Hauptportal des Domes schmückende Königsbild, in dem unschwer Otto der Grosse zu erkennen ist, darf jenen

Beilage zu Magdeburg 2. Dom von der Ostseite. Verlag: Albert Rathke, Magdeburg.

anderen charakteristischen plastischen Arbeiten zugezählt werden; die kräftige Gestalt zeigt eine sichere, freie, echt statuarische Haltung; die Linke trägt den Reichsapfel, die Rechte das Szepter. Vieles freilich, was einst der Dom an Denkmälern der Malerei und Plastik besessen hat, sowie alles das, was einst an edlem und kunstreichem Geräth seine Schatzkammer barg, ist der Vernichtung anheimgefallen, doch lassen immerhin die Ueberreste, die den Bildersturm der Reformationszeit und die Katastrophe von 1631 überdauert haben, noch zur Genüge erkennen, wie auch hier mit dem neuen gothischen Baustil der künstlerische Sinn sich steigerte und wie reich einst der bildnerische Schmuck dieses Gotteshauses gewesen ist.

Heute liegt es in majestätischer Ruhe abseits von dem geräuschvollen Treiben als der Stadt reichster Schmuck und als ihr eigentliches Wahrzeichen. Und wer wollte die Fülle seiner künstlerischen Denkmäler im Innern, oder die malerischen Reize des imposanten Aeussern erschöpfen? Sieht man die Kirche vom Domplatz aus, oder steht der Beschauer drüben, jenseits der Elbe, immer wird das Auge neue Schönheiten entdecken und nicht müde werden, den stolzen Bau zu bewundern. Immer wieder lockt es uns in den stillen Kreuzgang, an dessen Wand verwitterte Grabsteine sich anlehnen, während drüben zwischen den zierlichen Säulchen hindurch der Blick in eine grüne Wirrniss schweift, in deren Buschwerk an milden Frühlingsabenden die Nachtigallen ihre sehnsuchtsvollen Lieder singen.

Nach Norden hin breitet sich zu Füssen des Domes ein stiller, von alten Bäumen und vornehm-zopfigen, dem achtzehnten Jahrhundert entstammenden Gebäuden umsäumter Platz aus, der früher den Namen Neuer Markt führte und erst neuerdings allgemein als Domplatz bezeichnet wird. In seiner nordöstlichen Ecke lag die alte Domdechanei, die später zum königlichen Palais umgewandelt wurde, in dem in früheren Zeiten wiederholt Preussens Könige einkehrten und das während des siebenjährigen Krieges lange Zeit hindurch der königlichen Familie ein sicheres Obdach bot. Auch Friedrich der Grosse war in diesem Hause kein seltener Gast, und mehr als einmal sahen ihn die Magdeburger hier auf dem Neuen Markte seine Soldaten inspiciren, und ein Schauer der Ehrfurcht überrieselte sie angesichts dieses unermüdlichen Arbeiters im Banne der Pflicht, dem des Dienstes ewig gleichgestellte Uhr niemals stille stand. Einmal — es war im Sommer 1764 — stand unter der Menge, die hier auf diesem Platze einer solchen Revue zusah, noch ein anderer Grosser, **Friedrich Gottlieb Klopstock**, der Sänger des „Messias", der eben für einige Wochen in dem auf dem Werder gelegenen Hause des ihm befreundeten Kaufmanns Bachmann als Gast weilte, und freudig brachte auch er damals dem Genius Friedrichs seine Huldigung dar und vergass den Groll über den Mann, der „sich erniedrigte, Ausländertöne zu stammeln" und die Sprache seines Volkes und Vaterlandes missachtete. „Nennen Sie mir", sagte beim Anblick dieser Beiden eine geistreiche Frau zu dem Hofrath von Köpken, „nennen Sie mir noch einen Platz auf der Welt, wo zwei so unsterbliche Männer so nahe bei einander stehen!" Später wurde dann jenes Palais zur Wohnung des kommandirenden Generals, bis es neuerdings von der Stadt übernommen und zu einem **Museum** umgebaut worden ist, das den reichen Sammlungen des rührigen Kunstgewerbevereins und der städtischen Bildergallerie eine vorläufige Heimstätte bietet, während auf dem Hofe des geräumigen Grundstücks ein Gebäude für die jährlichen Gemäldeausstellungen errichtet ist.

Ein Hauch des Friedens schwebt um diesen Kirchplatz, zumal an einem Sonntag Nachmittag, wenn der geschäftige Alltagsverkehr ruht und nur die Kinder auf der weiten Sandfläche sich tummeln. Im Herbst freilich, wenn die althergebrachte **Messe** sich aufthut und dann hier auf diesem Platze eine Stadt im Kleinen aus luftigen Bretterbuden aufgebaut wird, dann unterbricht ein unholdes Lärmen die sonntägliche Stille und das ernste Gotteshaus schaut dann verwundert auf das bunte Getümmel, das jählings seine beschauliche Ruhe unterbrochen hat. Doch auch an diese Herbstmesse knüpft sich ein interessantes Stück altmagdeburgischer Geschichte, so dass sie den Einheimischen fest ans Herz gewachsen ist und allen Wandel der Zeiten siegreich überdauert hat. Sie begann seit altersher am 22. September, einem Tage, der in den alten Urkunden allemal als Festum Dominorum, als Herrenmesse erscheint, d. h. also, dass an diesem Tage zu Ehren der Heiligen, der Herren, eine feierliche Messe gehalten ward. Die Chronisten schreiben die Einführung dieses grossen Kirchenfestes dem Erzbischof Albert zu, der im Jahre 1209

Beilage zu Magdeburg 3.   Dom von der Nordseite (Domplatz).   Verlag: Albert Rathke, Magdeburg.

am Feste St. Mauritii zuerst die Herrenmesse abgehalten habe; dabei sei dann ein grosser Zulauf des Volkes und endlich ein Jahrmarkt entstanden, der davon den Namen Herrenmesse erhalten habe. So erwuchs diese also, ganz den Gepflogenheiten der mittelalterlichen Kirche entsprechend, unmittelbar aus einem grossen kirchlichen Feste: im Dome hielt der Erzbischof selbst mit allem kirchlichen Pomp und Gepränge eine hohe Messe, während zugleich den von Nah und Fern herbeigeströmten Gläubigen an diesem Tage das einzige Mal im ganzen Jahre die sämmtlichen Reliquien des Domschatzes zur Besichtigung und Verehrung preisgegeben wurden; draussen aber auf dem Neuen Markte drängte sich bis hart an die Kirchenmauern heran die Budenstadt des Jahrmarktes und mit den frommen Kirchengesängen vermischte sich der Lärm und Spektakel, mit dem das Volk sich gaffend und schwatzend an diesem bunten Jahrmarktströdel vorüberschob.

Kriegerdenkmal.

Erst die Reformation brachte darin eine Wandlung, indem fortan die Messe lediglich als ein weltliches Volksfest begangen wurde. Als solches lebt es noch heute auf der alten historischen Stätte fort und in jedem neuen Herbst erhebt sich auch aufs Neue im Schatten des Domes der alte lärmende

Messtrubel, mit dem für jeden Magdeburger eine Fülle der fröhlichsten Kindheitserinnerungen verbunden ist. An die Südseite des Domes lehnte sich vordem das einer Ruine nicht unähnliche alte Domgymnasium, das neuerdings dem schmucken, im Stil sich geschickt seinem gewaltigen Nachbarn anschmiegenden Konsistorialgebäude hat weichen müssen. Davor breiten sich anmuthige Gartenanlagen aus, deren Blumenbeete und grüne Sträucher bis hart an den Strom reichen. In der Mitte dieses Gartens ragt auf winzigem Hügel das die Kaiserkrone tragende, von vier Löwen flankirte Kriegerdenkmal empor, das die Stadt ihren tapferen, in den letzten glorreichen Kriegen auf den Schlachtfeldern Böhmens und Frankreichs gefallenen Söhnen errichtet hat; unweit davon erhebt sich auf hohem Granitsockel eine schöne, von dem Magdeburger Bildhauer Ernst Habs modellirte Bronzebüste Friedrich Friesens, die der Erinnerung an den heldenmüthigen Jüngling gewidmet ist, der seine warme Liebe zum Vaterlande mit einem allzu frühen Tode besiegelte und der unter den vielen rührenden Jünglingsgestalten des gewaltigen Erhebungskampfes immerdar als eine der reinsten und herrlichsten fortleben wird. Zwar sein Schicksal an sich hatte nichts aussergewöhnliches, aber was die Gestalt dieses Magdeburger Jünglings mit so seltenem Zauber umwoben, das sind die ergreifenden Klagen der Besten der Zeitgenossen, das ist das Lied Ernst Moritz Arndts von dem frommen Friesen, der mit kühnem und stolzem Sinne nach der Freiheit geschaut habe, das ist Max von Schenkendorfs Sang von Friesen, dem Schönen und Freien. Diese Lieder sind der frische unverwelkliche Lorbeer, der seine Stirn umrankt; sie haben ihn hinausgehoben aus der grossen Schaar edler Jünglinge, die gleich ihm ihr Leben freudig in die Schanze schlugen, als das Volk aufstand und der Sturm losbrach; sie haben seinen Namen vor vielen anderen dem Gedächtniss der Nachwelt erhalten. Und so erscheint er uns heute neben Theodor Körner, dem Sänger und Helden, als der eigentliche Repräsentant jener todesmuthigen Schaar jugendlicher Freiheitskämpfer, die in schwerer Drangsal dem Dienste des Vaterlandes ihr Leben weihten, mit grösster Selbstverleugnung, opferfreudig, in stiller, dauerhafter Kraft. Wir sehen in ihm den ganzen hinreissenden Zauber jener Tage verkörpert und begreifen in dem einen Namen alles

Breiteweg mit Katharinenkirche.

Beilage zu Magdeburg 4. Verlag: Albert Rathke, Magdeburg.

Grosse und Edle, was damals in der Tiefe der Volksseele
und vor Allem in der Seele der deutschen Jugend
lebendig war. An diesen beiden Denkmälern vorüber rücken gen
Süden elegante Wohnhäuser, in deren zierlichen Vorgärten
Krokus und Maiglöckchen blühen, bis dicht an die Festungs-
wälle heran, während den Fluss entlang, die Ostseite des
Domes begrenzend, eine schattige Promenade, der Fürstenwall, sich hinzieht, eine liebenswürdige Schöpfung des
Fürsten Leopold von Anhalt-Dessau, dem die Stadt noch
heute zu warmem Dank dafür verpflichtet ist.

Sonst haben im Laufe der Zeit gewaltige Veränderungen
das alte Magdeburg fast ganz unter einem neuen dahin-
schwinden lassen, so dass der sichtbaren Anknüpfungen an
die Vergangenheit immer weniger geworden sind. Namentlich
sind die schmalen hochgiebeligen Häuser, die mit krausem
Schnörkelwerk, mit Reliefs, Figuren und allerlei phantastischem
Ornament verziert waren und einst der Stadt ein überaus
malerisches Gepräge gegeben haben mochten, heute so gut wie
verschwunden. Nur die Hauptverkehrsader, der Breiteweg,
hat noch verhältnissmässig viel davon bewahrt, und nur
wenn wir diese Strasse mit ihren Giebelhäusern durchwandern,
die auf Schritt und Tritt immer neue malerische Perspectiven
uns öffnet, wenn wir ihre charakteristische Architektur und
den anmuthigen ornamentalen Schmuck betrachten, den
eine erfindungsfrohe Zeit darüber ausgebreitet hat, dann
empfinden wir noch etwas von dem fesselnden Reiz des
alten Magdeburgs, das seine langausgedehnte Hauptstrasse
so reizvoll geschmückt hatte. Noch manches Exemplar der
behaglichen schmalfrontigen Häuser des siebzehnten und
des vorigen Jahrhunderts ist hier erhalten und grade diese
verleihen der Strasse ihr so eigenartiges wie anmuthendes
Gepräge. Freilich bleibt das Bedauern über so manchen
Schmuck, der hier im Laufe der Zeit hat zerstört werden
müssen. Und zwar hat auch hier wieder die Thätigkeit
des „Alten Dessauers" ihre Spuren zurückgelassen. Denn
der alte Haudegen war nicht eben von ästhetischer Empfind-
samkeit angekränkelt und jeder reglementswidrige Schnörkel
in den Strassen war seinen an militärische Ordnung und
schnurgrade „Richtung" gewöhnten Augen ein Gräuel. So
fielen leider seinem Ordnungssinn viele schmucke Erker-
thürmchen und Söller und zahreiche lauschige Plätzchen
vor den Hausthüren zum Opfer. Ja, schliesslich sollte gar

zur gleichmässigen „Richtung" auch noch die gleichmässige Uniform kommen, indem Fürst Leopold für die ganze Stadt die Ordre gab, sämmtliche Häuser gleichmässig gelb mit weissen Gesimsen und Querbalken anzustreichen. Viele gute alte Malerarbeit mag da verloren gegangen sein; wir wissen beispielsweise, dass das Haus „Zum 10. Mai" (Haus No. 146) aussen mit den schönsten Landschaftsbildern geziert war, „an denen man sich in allen Jahreszeiten erfreuen durfte". Aber immerhin ist noch manche charakteristische Façade übrig geblieben, die dieser Strasse ihren eigenen Reiz giebt. So schauen auch noch zahlreiche verschnörkelte Giebel der Zopfzeit auf uns hernieder, die von den Zeiten des ersten und von denen des grössten Preussenkönigs zu reden wissen, und mancherlei architektonische Motive, die den Kundigen an Holland und an französische Weise gemahnen, erzählen von dem frischen ausländischen Blute, das weise Regenten den erschöpften Adern der Stadt zuführten.

Das neue Magdeburg.

Eine ganz andere Physiognomie als der alten ist der neuen Stadt Magdeburg eigen. Jene war allgemach recht engbrüstig geworden und bedurfte bei dem gewaltigen Anwachsen der Bevölkerung mehr Licht und Luft, als die alten engen, von den Festungswällen eingeschnürten Gassen ihr gewähren konnte. Auch der steigende Verkehr bedurfte bequemerer Wege. Die Zustände waren allmählich fast unerträglich geworden; manch blühender Industriezweig musste sich ganz von Magdeburg hinwegwenden; die Wohnungsnoth stieg immer mehr und erreichte etwa um das Jahr 1865 ihre grösste Höhe. Man begann zunächst mit der Verbreiterung einzelner Strassen und liess namentlich etliche als Choleraherde berüchtigte Häuser vom Erdboden verschwinden, während zugleich unermüdlich über eine durchgreifende Stadterweiterung berathen wurde. Da gelang es endlich im Jahre 1870 den Bemühungen des hochverdienten Oberbürgermeisters Hasselbach, die Erweiterung der Festungswerke durchzusetzen und mit dem denkwürdigen, vom 12. November 1870 datirten, mit dem General v. Klotz abgeschlossenen Vertrage eine neue Aera der Stadt einzuleiten. Eine werthvolle Beihülfe war es, dass sich 1868 die vereinigten Eisenbahnen zum Ankauf eines grossen Theils des zur Bebauung frei gewordenen Terrains entschlossen hatten, um hier den längst geplanten Central-Bahnhof anzulegen, dessen imposanter Bau heute eine

Central-Bahnhof.

Zierde der Stadt bildet. Und wie vorauszusehen gewesen, zeigte die unnatürlich zusammengedrängte Bevölkerung der Stadt eine gewaltige Expansionskraft. Nach den ersten Verkäufen im Jahre 1871 folgte Block auf Block, und selbst der grosse Börsenkrach von 1873 und die Wiederkehr der Cholera vermochten den grossen Aufschwung nicht dauernd zu hemmen.

Aber mit dieser erstaunlichen Vergrösserung begann zugleich die Verschönerung und Verbesserung in Bezug auf Reinlichkeit und Bequemlichkeit. Denn nun war es auch möglich geworden, in der alten Stadt selbst mehr Licht und Luft zu schaffen. So manche enge Gasse konnte verbreitert werden, und wo immer neue gebaut wurden, da galt als oberstes Gesetz, dass sie Licht, Luft und Grün haben sollten.

Nun konnte auch ein schon von Otto von Guericke entworfener Plan, der Durchbruch einer Strasse, die vom Alten Markt an der Jakobikirche vorüber bis zur Hohen Pforte führen sollte, zur Ausführung gelangen, und der Verkehr in der Neuen Jakobsstrasse zeigt zur Genüge, wie nothwendig dieser Durchbruch gewesen ist. Eine neue stattliche Strasse ist hier entstanden, flankirt von hochragenden Bauten mit breiten Fronten, darunter einigen schmucken Häusern mit Erkern und Balkonen in zierlichstem Renaissancestil.

Der Hasselbachbrunnen.

Auch durch die Verbreiterung und den Durchbruch zahlreicher anderer Strassen sind, wie gesagt, seit jenem ersten Beginn der Stadterweiterung für den Verkehr dankenswerthe Erleichterungen, zugleich aber auch allenthalben für die Gesundheit der Bevölkerung bessere Bedingungen geschaffen worden.

Diese mit dem Jahre 1870 beginnende folgenschwere Stadterweiterung kam zunächst dem Westen der Stadt zu Gute, wo binnen wenigen Jahren eine völlig neue Stadt aus dem Boden emporwuchs. Das alte Sudenburger und das Ulrichsthor mussten fallen und die gleichnamigen neuen Thore wurden um eine gute Strecke hinausgerückt. Breite luftige Strassen von aristokratischem Aussehen und mit aristokratischen Namen haben sich zu dem alten winkligen und asthmatischen Kern gesellt — ein neues Magdeburg mit allen Allüren einer modernen und wohlhabenden Grossstadt. Von dem im Süden der Stadt gelegenen Hasselbachplatze aus, auf dem sich zu Ehren des Oberbürgermeisters Hasselbach ein schmucker, mit einem Obelisken bekrönter Brunnen erhebt, wird dieses neue Magdeburg von der Kaiserstrasse durchschnitten, die dank ihrer ansehnlichen Breite, dank ihren stattlichen Häusern und dem Schmucke grüner Bäume wohl in wenigen Städten ihres

Kaiserstrasse.

Gleichen finden wird, so dass sie wie eine jenen stolzen Namen zu tragen berechtigt ist. Und nicht minder schmuck und stattlich sind alle die Strassen, die von rechts und links in sie einmünden, sowie jener andere neue Stadttheil, der jenseits des Breiten Weges im Süden des Domes mit nicht minder überraschender Schnelligkeit entstanden ist. Hier wie dort ist alles eben und elegant mit viel offenem Raum; junge Bäumchen flankiren die Strassen, hier und da hat die Freude des Grossstädters am Grünen dem Trottoir ein kleines Stücklein Garten abgewonnen und es mit bunten Blumenbeeten zierlich herausgeputzt. Manch' stattliches Bauwerk verkündet ebenso den Reichthum wie den Geschmack seiner Bewohner. Eins der anmuthigsten und elegantesten dieser Privathäuser haben die Berliner Meister Ende und Böckmann an der Ecke der Augusta- und Oranienstrasse aufgebaut: einen feinen Renaissancebau mit heiterer Front, die für das künstlerische Formengefühl der Erbauer den trefflichsten Beweis liefert. Und mit der Lust am Bauen hat auch die Lust am Ausstatten des Hauses mit einer behaglichen und stilgerechten Einrichtung in erfreulicher Weise zugenommen, und die Magdeburger Architekten und Kunstgewerbetreibenden haben dementsprechend in Bezug auf die Decoration und Ausmöblirung der Interieurs eine Leistungsfähigkeit gewonnen, die geradezu überraschend ist. So hat sich also die Stadt im Innern Vieles bewahrt, was der Erhaltung werth war; sie hat aber auch gewonnen durch die schmucken Neubauten und Umwandlungen der letzten Jahrzehnte, durch die die einst ob ihrer Enge und Winklichkeit verrufene alte Handelsstadt zu einer der schönsten Grossstädte geworden ist.

Zu diesem vornehmen Charakter des neuen Magdeburgs tragen nicht zuletzt auch die vielen stattlichen öffentlichen Gebäude bei, die nach und nach hier emporgewachsen sind; ich erinnere insbesondere an das schöne Heim, das die Stadt der dramatischen Kunst errichtet hat und an die vielen monumentalen Schulgebäude, die es auf das Eindringlichste bekunden, dass die frisch aufstrebende Stadt auch für die Pflege rein idealer Interessen ein offenes Herz und eine offene Hand hat. Lange genug hatte die dramatische Kunst in Magdeburg ein eigenes Heim entbehren müssen und auch hier, wie anderwärts, war ihr anfänglich das Leben nicht eben leicht gemacht worden. Zuerst war die Schuchsche Wandertruppe hier eingekehrt, der dann im letzten Drittel des vorigen Jahrhunderts die Wäsersche Gesellschaft folgte, die im Gewandschneider-Innungshause ihren Kunsttempel aufschlug. Aber so trefflich auch zum Theil die Leistungen dieser Wandertruppen waren, so lag doch auf ihnen der Fluch der Unsesshaftigkeit, der eine wirklich gedeihliche Kunstpflege verhinderte. Da trat zu Ende des Jahrhunderts ein kunstliebender und patriotischer Kaufmann an die Spitze einer Actiengesellschaft und liess in der Dreiengelstrasse hinter dem Gasthause „Zu den drei Engeln" nach dem Plane des Freiherrn von Erdmannsdorf in Dessau ein eigenes Schauspielhaus erbauen, das am 1. April 1795 unter Karl Döbbelins Direction feierlich eröffnet wurde. Damit hatte das Magdeburgische Theater wenigstens eine feste Heimstätte gefunden, sodass es nunmehr auch um die Theilnahme der gebildeten Gesellschaft werben konnte. Doch vermochte das

Beilage zu Magdeburg 5. Augustastrasse. Verlag: Albert Rathke, Magdeburg.

alte Haus auf die Dauer den immer wachsenden Ansprüchen nicht zu genügen, sodass ein Neubau je länger desto mehr zur dringenden Nothwendigkeit wurde. Aber erst, nachdem die Stadterweiterung zur Thatsache geworden, konnte auch dieser Wunsch in Erfüllung gehen. In der Kaiserstrasse, durch einen freundlichen Vorgarten von der Strasse selbst getrennt, ragt nunmehr das **Stadttheater** empor, ein

Stadttheater.

Aussen und Innen gleich vornehmes Haus, das nach Plänen des seiner reichen künstlerischen Wirksamkeit zu früh entrissenen Professors Karl Lucae zu Berlin unter Leitung des früheren Magdeburgischen Stadtbauraths Sturmhöfel erbaut worden ist. Die geräumige Bühne entspricht allen Anforderungen moderner Technik und ist mit allen erprobten Sicherheitsmassregeln gegen Feuersgefahr ausgerüstet. Der Zuschauerraum ist ebenso elegant wie behaglich und das Gleiche gilt von dem schönen Foyer, das die Gesellschaft „Athene" mit anmuthigen Fresken hat ausschmücken lassen, mit denen sich der am 10. März 1886 verstorbene Maler Edmund Wodick ein dauerndes Gedächtniss gestiftet hat.

Ein anderer diesem neuen Stadttheil zur Zierde gereichender Monumentalbau erhebt sich in der Oranienstrasse, an der Südseite des Domes und unweit der grünen

Gartenanlagen, in deren Mitte das Kriegerdenkmal errichtet ist. Es ist das unlängst erbaute Generalkommando-Dienstgebäude, das königliche P a l a i s, wie es kurzweg benannt wird, das an die Stelle des von der Stadt übernommenen alten Palais am Domplatze getreten ist: ein schlicht-vornehmes Haus im Stile moderner Renaissance, das im Innern stattliche Prunkräume für den obersten Kriegsherrn birgt, während es aussen an drei Seiten von anmuthigen Gartenanlagen umgeben ist.

Das königliche Palais.

Vor Allem aber sind es, wie schon gesagt, die vielen stattlichen S c h u l g e b ä u d e, die diesem neuen [Stadttheil sein ganz eigenartiges Gepräge verleihen und es uns mit freudiger Genugthuung erkennen lassen, wie trefflich die Stadt für die heranwachsende Jugend gesorgt hat, für ihren Unterricht ebenso wie für ihre Gesundheit. Wo immer uns ein besonders schönes Gebäude in die Augen fällt, mit palastartiger Front, mit hohen und breiten Fenstern und mit viel Grün ringsum, da kann man sicher sein, dass es eine Schule ist. Wie reizend beispielsweise präsentirt sich an dem schönen, geräumigen Heydeckplatze die an ihrer ganzen Front von wildem Wein umrankte V o r b e r e i t u n g s - s c h u l e mit ihrem grünen, schattigen Schulhofe, in den von der einen Seite die Thürme des Domes, von der anderen die von St. Sebastian hineinlugen! Der architektonische Charakter dieser Schulhäuser ist überwiegend der gleiche, da sie zumeist aus heimischem Material, aus gebrannten Ziegeln, aufgeführt sind, aber doch hat jedes seine besondere Eigenart, da bei ihnen allen jeder Anstrich des Kasernenhaften aufs Glücklichste vermieden ist. So ist unweit des Stadttheaters, in der Albrechtstrasse, dem **städtischen Realgymnasium** und der städtischen **Oberrealschule**

Die beiden Realschulen.

(Guerickeschule) ein wahrer Palast erbaut worden, der einen mächtigen Mittelbau zeigt, an den sich im Osten und Westen je ein Flügelbau anschliesst. An der Südseite des Schulhofes vor dessen Mitte erhebt sich das mit der Frontseite unmittelbar an die Karlstrasse stossende Directorialgebäude. Das nur für festliche Veranlassungen bestimmte Hauptportal an der Nordseite des Mittelbaues führt zu einem durch Pfeiler- und Säulenstellungen markirten Vestibul und zum Treppenthurm, in dem man auf Doppeltreppen zu der die ganze Breite des Risalits einnehmenden Aula im zweiten Stock gelangt, in der eine zierlich decorirte Holzdecke und schöne, mit Büsten geschmückte Wandflächen der Würde des Raumes Ausdruck geben. In unmittelbarer Nähe erheben

Kunstschule.

sich das in ganz ähnlichem Stile erbaute Kaiser Wilhelms-Gymnasium, die Kunstschule und die Friesen-Turnhalle. Und nicht minder stattlich als jenes Doppelschulgebäude in der Albrechtsstrasse ist das andere in der

Augusta- und Edithaschule.

Bismarckstrasse nahe dem Dom erbaute Doppelhaus, in dem die Augusta- und die Edithaschule ihr Heim gefunden haben. Auch das aus dem letzten Drittel des siebzehnten Jahrhunderts stammende Domgymnasium, das lange Zeit hindurch unmittelbar im Schatten des Domes gehaust hatte, bis der alte Bau mehr und mehr zur Ruine geworden war, besitzt jetzt in einer der schönsten Strassen

Domgymnasium.

der Stadt einen durch schlichte Vornehmheit fesselnden Neubau, den man gleichfalls als eine architektonische Zierde des neuen Magdeburgs bezeichnen darf. Das Haus liegt in unmittelbarer Nähe der rings um das Kriegerdenkmal geschaffenen Gartenanlagen, gegenüber dem neuen Palais und ist nach Norden durch das grünumbuschte Directorialgebäude, nach Süden durch die Turnhalle flankirt. In der Mitte erhebt sich das Hauptgebäude mit ostwärts schauender Façade, dessen aus Sandstein verfertigtes reich ornamentirtes Portal auf seinen Pilastern die für das Gymnasium historisch bedeutsamen Wappenschilder und Jahreszahlen trägt. Das Hauptportal führt in ein geräumiges Vestibül, an das sich ein durchlaufender Corridor mit zwei Treppenhäusern und zwei Hofeingängen anreiht. Im zweiten Stock liegt die durch ihre ruhige Schönheit stimmungsvoll wirkende Aula, deren nördliche Wandfläche mit drei von Künstlerhand ausgeführten Oelgemälden geschmückt ist. Auch die am Südende derselben Strasse sich erhebende, durch ihre gewaltigen Dimensionen imponirende Maschinenbauschule soll in dieser Umschau unter den magdeburgischen Schulpalästen nicht vergessen sein, und ebensowenig die auf dem Boden der früheren alten Stadtschule erbaute Lutherschule, die uns noch einmal in die alte Stadt zurückführt. Das Terrain bildete vor der Reformation einen wesentlichen Theil des alten Franziskanerklosters und beherbergte schon damals eine Schule; heute nun ragt an dieser historischen Stätte ein schmuckes neues Schulgebäude empor, das im Stil moderner Renaissance in Ziegelrohbau mit Verwendung von Sandstein zu decorativem Schmucke ausgeführt ist und sich in einen Mittelbau mit zwei Seitenflügeln gliedert, die von jenem durch je ein Risalit mit Treppenhaus getrennt werden. Bei der inneren Einrichtung aller dieser neuen Schulhäuser ist allen hygieinischen Anforderungen in vollstem Maasse Rechnung getragen worden: für Luft und Licht ist überall auf das Reichlichste gesorgt, sodass man auch in diesem Betracht die

Die Lutherschule.

Magdeburger Schulgebäude als Muster und Vorbilder bezeichnen kann.

In gleichem Maasse gilt das von den beiden grossen städtischen Krankenhäusern, deren eines am nördlichen Ende der Kaiserstrasse einen stattlichen Complex von Gebäuden darstellt, während das andere unlängst an der Leipziger Strasse erbaut worden ist. Und auch der Ruhestätte der Todten ist die durch die Stadterweiterung ermöglichte Raumausdehnung zu Gute gekommen. Der alte Friedhof lag nördlich der Stadt, vor dem Krökenthore, dicht am Glacis der Festung, und hatte seit 1827 als Begräbnissplatz gedient; er verdankte seinen schönen gärtnerischen Schmuck Plänen des Gartendirectors Lenné und war allmählich zu einem köstlichen parkähnlichen Garten herangewachsen:

Kapelle des Neuen Kirchhofs.

alle Gräber mit Grün bedeckt, die Kreuze und Steine dicht mit Epheu bewachsen und dazwischen Heckenwege und Laubgänge. Rascher jedoch, als man es bei der Anlage geahnt hatte, wurde der Raum zu eng, so dass der Erwerb eines neuen „Gottesackers" immer mehr zum unabweislichen Bedürfniss ward. Der Raum fand sich endlich im Süden der Stadt, weit draussen vor dem Sudenburger Thore, wo nunmehr rasch ein neuer schöner Garten entstand, der am 1. November 1872 kirchlich geweiht und

seiner Bestimmung übergeben werden konnte. In seiner
Mitte erhebt sich die von Sturmhöfel erbaute, würdige und
stimmungsvolle Kapelle, vor deren Portal sich ein anmuthiger Blumengarten ausbreitet, während wir uns auf
dem Friedhofe selbst mit seinen schier unendlichen Gräber-
reihen allenthalben wie in einen Park versetzt glauben.
Hier ist es still und friedlich und man hört die Welt nur
wie aus weiter Ferne. Ernst und schweigend wandeln die
Lebenden zu den Gräbern geliebter Todten und Nichts
unterbricht die feierliche Ruhe als das Zwitschern eines
Vogels im dichten Busch oder das leise Rauschen des
Windes. . . .

Noch ein Bauwerk endlich birgt dieses neue Magdeburg,
das durch seine Eigenart den Blick des Beschauers auf sich
zieht: die an der Ecke der Guericke- und Bahnhofstrasse hoch
über die Dächer emporragende Wetterwarte der „Magdeburgischen Zeitung", die von den Verlegern dieses Blattes
im Herbst 1880 zu Nutz und Frommen der jungen meteoro-
logischen Wissenschaft errichtet und in mustergültiger Weise
ausgestattet worden ist. Der 34 m hohe Thurm lehnt sich
unmittelbar an die Fabersche Buchdruckerei, eine der
ältesten Deutschlands und zugleich die Heimstätte einer der
ältesten Zeitungen unseres Vaterlandes, da der Ursprung der
„Magdeburgischen Zeitung" bis auf das Jahr 1626 zurück-
weist. Als „Magdeburgsche privilegirte Zeitung" erschien
sie während des achtzehnten Jahrhunderts dreimal in der
Woche, an der Spitze der vier kleinen Quartseiten geschmückt
mit dem von der Königskrone überragten preussischen Adler,
der über das Magdeburgische Wappen seine Fittiche breitete,
worauf sie allmählich, Schritt vor Schritt, bis zu dem
heutigen Umfange heranwuchs, jenes uralte Wappen aber
durch allen Wandel der Zeiten unverändert sich erhalten hat.

Doch jenes neue Magdeburg, von dem bisher ausschliesslich
die Rede war, stellt gewissermassen nur den ersten Abschnitt
in der Geschichte des durch die Stadterweiterung eröffneten
Verjüngungs- und Verschönerungsprocesses dar, denn schon
rücken die architektonischen Pioniere als sichtbare Zeugen
einer regen baulichen Entwickelung immer weiter vor die
Thore hinaus und jeder Blick auf den neuen Stadtplan
belehrt uns, dass noch des Werdens und Wachsens kein
Ende ist. Vor allem blieb der auch hier durch die Ver-
hältnisse bedingte „Zug nach dem Westen" bei der durch

die hinausgerückten Thore gezogenen Grenze nicht stehen, sondern schon hat sich hier vor dem Ulrichsthore das vordem halbländliche „Stadtfeld" in einen neuen zukunftsreichen Stadttheil, die Wilhelmstadt, umgewandelt, der sich in kürzester Frist ganz erstaunlich entwickelt hat. Noch freilich zeigt manches hier draussen einen merkwürdigen Mittelzustand: die Strassen theilweise noch Feldwege, neben niedrigen Häuserchen grosse kasernenartige Bauten, dazwischen Gartenmauern mit grünem Buschwerk dahinter, oder grosse Holzplätze oder wohl gar noch hier und da ein Stücklein Ackerland. Allenthalben jedoch ein neues Werden, das uns das Gefühl giebt, mitten in einer mächtigen Entwickelung zu stehen, deren Ende noch gar nicht abzusehen ist. Ganz besonders drängt sich uns diese Empfindung auf angesichts der grossartigen städtischen Schlacht- und Viehhofsanlagen, die hier nördlich von der Hohendodeleberstrasse entstanden und seit dem Mai 1893 dem Betriebe übergeben worden sind. Denn auch diese Anlage repräsentirt ein Stück moderner Grossstadt und zugleich einen neuen Fortschritt in der öffentlichen Gesundheitspflege, einen Fortschritt, der seit langem angestrebt worden war, dessen Verwirklichung aber gerade hier ungewöhnliche grosse Schwierigkeiten entgegenstanden. Nun jedoch ist hier mit einem sehr erheblicher Kosten eine wahre Musteranlage geschaffen worden, deren segensreiche Wirkungen schon jetzt aufs deutlichste spürbar sind. Bis hart an den Platz heran führt die Eisenbahn, während der Raum auf der einen Seite vorerst noch von Ackergelände, auf der anderen von einem neu angelegten Strassenzuge begrenzt wird; auf dem Platze selbst erhebt sich ein ganzer Complex von Gebäuden, die sämmtlich in Ziegelrohbau mit gelben Verblendsteinen aufgeführt sind und von denen Börse, Verwaltungsgebäude und die grossen Markthallen-Fronten architektonisch reicher als die anderen rein praktischen Bedürfnissen dienenden Bauten gestaltet sind. Diese letzteren gruppiren sich vorzugsweise um das stattliche, den Mittelpunkt des Schlachthofs bildende Kühlhaus, in dessen unmittelbarer Nähe auch das Maschinen- und Kesselhaus ihren Platz gefunden haben. Eine breite, von Norden nach Süden laufende Verkehrsstrasse verbindet den Schlacht- mit dem Viehhof, auf die die Hauptzufuhrstrasse von der verlängerten Emilienstrasse her im rechten Winkel trifft; hier ist denn auch der eigentliche Mittelpunkt der gesammten Anlage, in dem Börse und Verwaltungsgebäude, Restauration und ein für Ausstellungszwecke bestimmter Platz gleichsam als Centrum des Ganzen vereinigt sind. Aber auch mit dieser bei Beginn der Stadterweiterung kaum geahnten Ausdehnung nach Westen hin ist es noch nicht genug, sondern auch nach Norden hin hat unlängst die Stadt neue geräumige Flächen gewonnen, und es ist nicht zu bezweifeln, dass auch dort rasch genug ein neues Magdeburg erwachsen wird. Schon ist das Krökenthor gefallen und allenthalben entstehen neue bequeme Zugänge zu diesem Nordfrontterrain, auf dem bereits die Strassenzüge festgelegt und die Plätze bestimmt sind. So ist gleich am Eingange vom Breitenweg nach der neuen Verbindungsstrasse ein grosser Platz angelegt worden, der voraussichtlich dereinst das Reiterstandbild Kaiser Wilhelms I. tragen wird; auch dürfte hier wohl für den dringend nothwendig gewordenen Neubau eines Justizgebäudes der gewiesene Raum sein. Jedenfalls harren hier noch grosse Aufgaben und Pläne ihrer Ausführung, aber alle Zeichen deuten darauf hin, dass auch hier bald genug der leere Raum ausgefüllt sein wird und dass auch dieser eben im Werden begriffene jüngste Stadttheil eine aussichtsreiche Zukunft vor sich hat.

Diese Hoffnung ist um so berechtigter, als durch die neuen grossartigen Hafenanlagen auf dem Gebiete des Neustädter Kämmereiwerders der gesammte geschäftliche Verkehr nach dieser Seite hin, dem Aufschwunge des Schifffahrtverkehres entsprechend, eine ausserordentliche Steigerung erfahren hat. Die bisherigen Hafenanlagen hatten sich längst als völlig unzulänglich erwiesen, so dass der Bau eines neuen städtischen Hafens in Verbindung mit ausreichenden Speicheranlagen mehr und mehr zum unabweislichen Bedürfniss geworden war. Das dafür gewonnene Terrain ist für Altstadt und Neustadt in gleichem Maasse günstig gelegen: im Süden reicht es bis an die alten Festungswerke heran, nach Norden erstreckt sich der Hafen bis weit in das Gebiet der ehemaligen Alten Neustadt hinein, zumal mit dem Einfahrtskanal, dessen Mündung gerade dem das rechte Elbufer schmückenden Herrenkrug-Park gegenüberliegt. Das Hafenbecken ist von massiven Quaimauern eingefasst und im ganzen Umfange von einer Zufuhrstrasse umgeben, die sich auf den beiden Längsseiten in einer Entfernung hinzieht, die dem Abstande der zunächst der Quaimauer angeordneten Bahngeleise entsprechend ist.

Dampfkrahne bewältigen im Vorlande, hydraulische Krahne im Hochwasserfreien Hafengebiete den Ladeverkehr, während ein Schleppdampfer, der zugleich für Feuerlöschzwecke eingerichtet ist, den Schiffsverkehr zwischen der Elbe durch den Einfahrtskanal unter der Hubbrücke hindurch bis in das Hafenbecken hinein zu erleichtern bestimmt ist. Eine grosse Zahl von Speichern, eine geräumige Werfthalle, eine hydraulische Centralstation, ein Maschinen- und Kesselhaus sind auf dem Hafengelände aufgebaut worden, so dass nunmehr endlich in dieser ganzen imposanten Anlage dem gesteigerten Schifffahrtsverkehr der langentbehrte sichere und allen Bedürfnissen von Handel und Industrie genügende Hafen geschaffen ist.

Denkmal Friedrich Friesens.
(Text siehe Seite 40.)

Vor den Thoren.

„Stadt, Festung, und von den Wällen aus die Umgegend, ward mit Aufmerksamkeit und Theilnahme betrachtet; besonders verweilte mein Blick lange auf der grossen Baumgruppe, welche nicht allzufern, die Fläche zu zieren, ehrwürdig dastand. Sie beschattete Kloster Bergen, einen Ort, der mancherlei Erinnerungen aufrief." So schrieb Goethe im Jahre 1805 in den Tag- und Jahresheften, in denen er knapp und bündig über seinen Aufenthalt in Magdeburg berichtete. Im Dome hatte er vorher an Peter Vischers kunstvollem Grabmal sich erfreut; nun weckte der Anblick der klösterlichen Schule die Erinnerung an Wieland, der „dort zu höherer literarischer Bildung den Grund gelegt", und das Bild des ehrwürdigen Abtes Steinmetz tauchte vor ihm auf, der dort lange Zeit hindurch „in frommem Sinne, vielleicht einseitig, doch redlich und kräftig" gewirkt hatte. Schwerlich mochte der Dichter ahnen, dass damals schon des Klosters Tage gezählt waren. Denn die Wirren und Nöthe des folgenden Jahres brachten auch in die stillen Mauern der Schule Sorge und Unrast. Der schöne Klostergarten, an dem ein Jahr zuvor noch Goethes Auge sich erfreut hatte, und ebenso die herrliche, als „Poetengang" gefeierte, von hundertjährigen Eichen und Ulmen beschattete Allee fiel unter den Aexten der belagerten Besatzung; Schüler und Lehrer flüchteten, und das Schicksal des alten Klosters schien besiegelt zu sein. Doch wie durch ein Wunder entgingen die Gebäude selbst der Zerstörung. Noch einmal konnte die Schule unter französischer Herrschaft ihre Thätigkeit aufnehmen, bis ein Decret der westfälischen Regierung in den letzten Tagen des Jahres 1809 ihre Existenz endgültig vernichtete. Und auch die nunmehr verwaisten Häuser fielen nicht lange darauf den Kriegsstürmen zum Opfer. Im Februar 1814 waren die grossen und schönen Klostergebäude niedergerissen, und nur ruinenhafte Reste bezeichneten noch die Stätte, an der einst die Benediktinermönche von St. Moritz sich angesiedelt hatten und wo nach der Reformation aus dem Kloster eine protestantische Schulanstalt sich entwickelt hatte, die, getragen von den starken Pfeilern klassischer Bildung, allezeit tüchtige Gelehrte und Beamte heranzog.

„In monte prope muros Magdeburgenses" hatten die Benediktiner zu Anfang des neunten Jahrhunderts ihr Kloster erbaut, und dieser Lage auf einem Hügel unweit der Elbe verdankte dieses später den Namen Kloster Berge. Jener kleine Hügel und ein Gedenkstein darauf sind heute die einzigen sichtbaren Erinnerungszeichen noch an die Zeit, da hier die Mönche am Ufer des Stromes lustwandelten, die Klosterglocken läuteten und die jungen Kleriker sich in den Kreuzgängen tummelten. Gründlich hat sich seitdem das Bild verwandelt, und zwar war es das Verdienst des Oberbürgermeisters Francke, dass allmählich aus den Ruinen des Klosters ein anmuthiger Volksgarten für die Stadt Magdeburg geschaffen ward. Und auch zwei andere berühmte Namen noch sind mit der Geschichte dieser reizvollen Schöpfung untrennbar verbunden. Denn als der Plan auftauchte, an jener Stelle Gartenanlagen zu errichten, wandten sich die städtischen Behörden an den königlichen Gartendirector Lenné in Sanssouci, während sie für den

Friedrich-Wilhelms-Garten.

Bau des inmitten der Gartenanlagen geplanten Gesellschaftshauses keinen Geringeren als Schinkel zu interessiren wussten. Doch kam weder des Einen, noch des Anderen Plan in seiner ursprünglichen Gestaltung zur Ausführung, ja Schinkels Projekt war sogar von einem einheimischen Baukünstler so willkürlich umgemodelt worden, dass er sich gegen die Ehre der Autorschaft des gegenwärtigen Hauses energisch verwahren musste. Aber auch das, was nun hier in bescheideneren Dimensionen geschaffen worden, ist überaus reizvoll und anmuthig. Der den Namen Friedrich-Wilhelms-Garten führende Park liegt im Südosten der Stadt, am linken Ufer der Stromelbe. Durch ein enges Festungsthor wandelt man auf dem zu einer schattigen Promenade umgewandelten Wall zu ihm hinaus; hier und dort, wo Bäume und Strauchwerk sich lichten, schweift der Blick über wehrhaftes Gemäuer und tiefe Gräben zur alten Stadt hinüber, deren Dächer hinter der grünbewachsenen Ringmauer sich aufbauen, während die grauen Thürme des Domes im Duft der Ferne verschwimmen. Jenseits der Fahrstrasse erhebt sich ein Vergnügungslocal neben dem andern, in denen an Sonntag-Nachmittagen beim Klange der Fiedel tanzende Paare sich drehen, bisweilen auch wilde Völkerstämme sich ansiedeln oder Künstler am Trapez und Taschenspieler ihre Künste zum Besten geben. Hier oben aber ist's ein anmuthiger Weg, der uns an das Ziel führt, und nicht minder anmuthig ist draussen der schattige Garten selbst, in dessen dichtem Fliedergebüsch an stillen, linden Frühlingsabenden die Nachtigallen schlagen und durch dessen dunkles Laub von drüben her das blinkende Wasser des Stromes freundlich hindurchschimmert. Am Eingang des Gartens lugt ein kleiner Teich aus dem Grün hervor, in dem die Linden ihre krausen Häupter bespiegeln und überall dehnen sich zwischen hochstämmigen Bäumen und blühendem Gesträuch weite Wiesengründe aus, auf denen die glitzernden Sonnenstrahlen einen fröhlichen Reigen aufführen.

Und dazu auf Schritt und Tritt zahlreiche geschichtliche Erinnerungen, die dieser historische Boden in uns wachruft! Gerne baut sich die Phantasie in diesem Garten das alte Kloster wieder auf, das einst so einsiedlerisch fernab von der Stadt lag, und Weg und Steg bevölkern sich dann ganz von selbst mit den Gestalten einer fernen Vergangenheit. An derselben Stelle, wo einst die Benediktinermönche in stillen Klosterzellen gehaust, entstand später das letzte symbolische Buch der lutherischen Kirche, die unter dem Namen Bergisches Buch bekannte Konkordienformel; hier fand der von Halle ausgehende Pietismus seine zweite Hochburg, bis er wiederum unter des grossen Friedrichs Regiment der Uebermacht des Rationalismus weichen musste; hier tummelte sich der junge Wieland und hier las Friedrich von Matthisson mit klopfendem Herzen Werthers Leiden und den Siegwart, und war entzückt, als er einst bei einem Besuche des Abtes Jerusalem, der mit seinen Töchtern gekommen war, wenigstens von Weitem die „Schwestern Werthers" erspäht hatte.

Von dem kleinen, einen Gedenkstein und eine Sonnenuhr tragenden Hügel schweift der Blick auf die Dächer,

Beilage zu Magdeburg 6. Der neue Hafen. (Text siehe Seite 60.) Verlag: Albert Rathke, Magdeburg.

Fabrikschornsteine und Schlote des industriereichen Vorortes **Buckau**, der bis vor wenigen Jahren ein eigenes Städtlein bildete, seitdem aber mit Magdeburg communal verschmolzen ist. Hier ist die Hauptstätte der berühmten, an Ausdehnung und Leistungsfähigkeit gewaltigen Maschinenfabriken und Eisengiessereien, denen an der Gesammtproduction des preussischen Staates ein ungeheurer Antheil zufällt. Allen voran steht hier das riesenhafte, im Jahre 1855 gegründete, neuerdings mit den Kruppschen Werken vereinigte **Gruson**sche Etablissement, das, den eigenen Schiessplatz mit einbegriffen, mehr als 98,000 qm Fläche umspannt und in dessen Diensten ein ganzes Heer von Ingenieuren und Technikern, von Kaufleuten und Arbeitern beschäftigt ist. Hier ist die Geburtsstätte der gewaltigen Panzerthürme, der Geschosse und Batterien, die in der ganzen Welt den gebührenden Respect geniessen und den Ruhm der deutschen Industrie in alle Erdtheile hinaustragen. Wie eine grüne Oase jedoch erheben sich inmitten all der Werkstätten und dampfenden und prustenden Schlote und Maschinen die mit den erlesensten Schätzen ausgestatteten **Gewächshäuser** des Geheimen Commerzienrathes **Hermann Gruson**, die für die ganze Stadt einen unvergleichlich köstlichen Schmuck bilden. Die hier vereinigten reichhaltigen und musterhaft geordneten Sammlungen sind wohl die grösste und jedenfalls eine ganz einzig in ihrer Art dastehende Gärtnerei Deutschlands. In sechszehn grossen Gewächshäusern sind die Familien und Arten der Pflanzengattungen, möglichst je in einem Hause vereinigt, zusammengebracht: so in einem hauptsächlich die Aroiden, Alocasien und Anthurien, in einem anderen die Agaven und Aloearten. Durch einen unterirdischen Gang gelangt man in das reizend aus Tuffsteinen grottenartig gebaute Farrenhaus, in dem einzelne Arten Baumfarren zu wahren Riesenbäumen herangewachsen sind. Doch das Schönste ist das allen Zauber der üppigsten südlichen Vegetation entfaltende Palmenhaus und das nahe an 1200 verschiedene Orchideenarten umfassende Orchideenhaus, nicht zu vergessen die schlechtweg unvergleichliche Cacteensammlung, die dank ihrer erstaunlichen Reichhaltigkeit wohl in ganz Europa nicht ihresgleichen hat. Und das Alles inmitten eines der grössten und geräuschvollsten Fabrikbetriebe; hier die ganze Herrlichkeit von Grün und Blumen, draussen das Schnauben und Stampfen der Maschinen und die lauten Stimmen der Arbeit . . .

Schöner noch und geräumiger als der Friedrich-Wilhelms-Garten ist der auf dem östlichen Elbufer eine Stunde von der Stadt entfernt gelegene Herrenkrug-Park, zu dem ein hübscher Fussweg längs des Flussufers hinausführt, während auf der Chaussee der Verkehr durch eine Dampfbahn, auf der Elbe durch Dampfschiffe vermittelt wird. Und am anmuthigsten ist jedenfalls die Fahrt auf der Wasserstrasse. Ueber den Alten Markt, an der Johanniskirche

Herrenkrug.

vorüber führt die Strasse bergab zur Elbe, die in das Magdeburgische Städtebild den eigenthümlichsten Zug hinein-trägt, den Zug zugleich, der, wie er für das Entstehen der Stadt bestimmend war, so auch immer für ihre Weiterentwicklung entscheidend gewesen ist. Eine mächtige Brücke schwingt sich über die Stromelbe hinüber zu den am jenseitigen Ufer kahl und düster aufragenden Mauern der Citadelle, während zur Linken gleich grünen Inseln der grosse und der kleine Werder im Wasser schwimmen, über deren grüne Bäume der schmucke Kirchthurm der Friedrichs-stadt sich emporreckt. Hinter der Citadelle spannt sich über

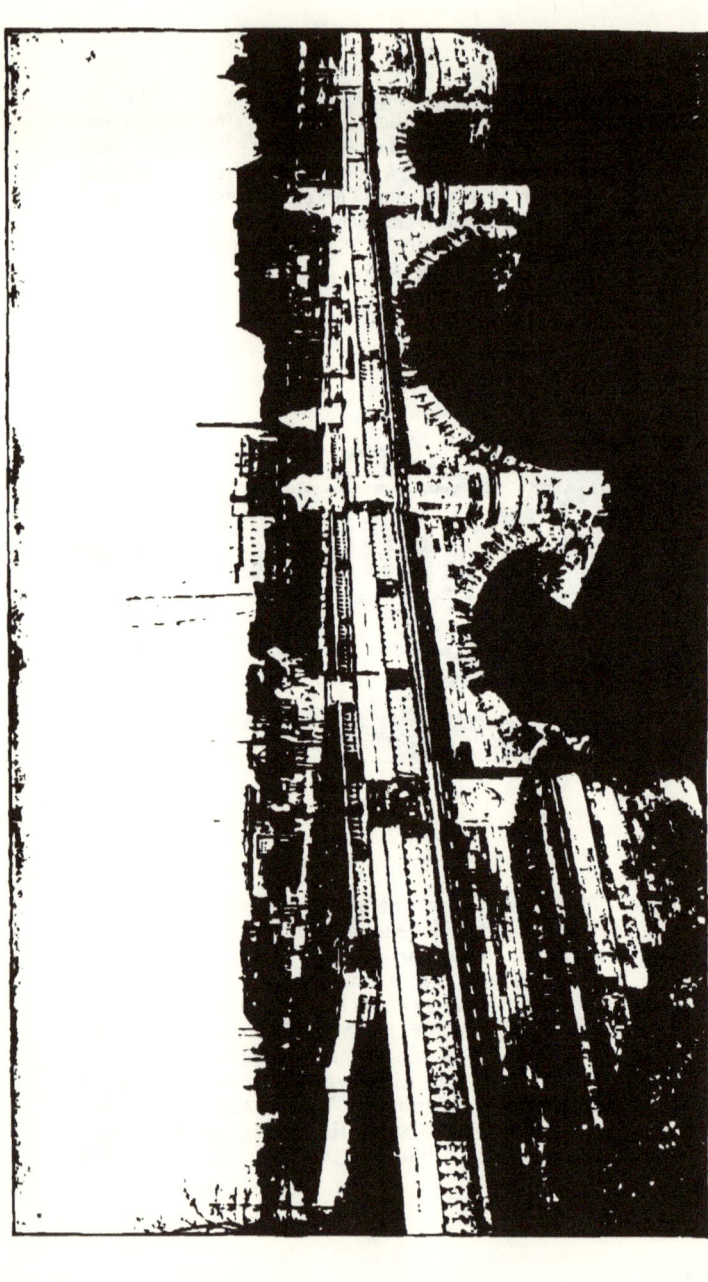

Beilage zu Magdeburg 7. Zollbrücke mit Hafen. Verlag: Albert Kathke, Magdeburg.

oogle

die Zollelbe eine neue prächtige, mit monumentalen Gruppen geschmückte Brücke, über die unaufhörlich ein geschäftiger Verkehr hinüber und herüber flutet. Grosse und kleine Schiffe huschen durch ihr Joch und hurtige Dampfer winden sich durch die von Lastfahrzeugen belebte Wasserstrasse.

Vom Brückthor aus fahren flinke Dampfer stromabwärts nach dem prächtigen Walde, der den Hauptschmuck der

Parkpartie im Herrenkrug.

landschaftlichen Umgebung Magdeburgs bildet. Schon die Fahrt dorthin hat ihre ganz besonderen Reize. Das bunte Treiben am Flussufer, der stattliche Strom selbst, die alten verwitterten Bauwerke der Stadt an dieser Seite, Alles das zusammen bietet ein anmuthiges Bild dar. Vorüber geht es an dem Labyrinth hoher Häuser und enger Gassen; auf den Wellen des Stromes wiegen sich die ankernden Schiffe, die schlanken Maste und die kurzen ungefügen Schlote klar abzeichnend auf dem tiefblauen Himmel. Mächtige Schlepper mit langen Zügen von Frachtschiffen keuchen an uns vorüber stromaufwärts. Dann liegt die Wasserstrasse frei vor uns, fern am Horizont in kühnen Bogen überwölbt von der prächtigen Eisenbahnbrücke, während zur Rechten wie zur Linken ebene Wiesengründe weithin sich ausdehnen. Nur vereinzelte Weiden und Gruppen von Buschwerk unterbrechen hin und wieder die Eintönigkeit der Landschaft und selten nur ist eine menschliche Ansiedelung sichtbar. Aber möge Niemand die anspruchslose Schlichtheit dieser landschaftlichen Umgebung gering schätzen! Denn wohl liesse sich über die ästhetischen Reize einer solchen ebenen, nur hin und wieder von Wald und Buschwerk unterbrochenen Landschaft gar Vieles sagen. Nur sind eben Wirkungen dieser Art nicht gleich dem ersten besten Verständniss zugänglich, wie etwa ein Wasserfall oder eine imposante Berglandschaft, sondern in ihrer prunklosen Bescheidenheit wollen sie studirt sein und erfordern jedenfalls ein von vornherein empfängliches Gemüth und ein liebevolles Auge.

Da stehen wir schon am Rande des Parkes. Die ehrwürdigen Linden schütteln die grünen Häupter und rauschen uns ein Willkommen entgegen. Hier findet der einsame Wanderer Schatten, Dämmerung, Stille und Einsamkeit. Breite vornehme Alleen und schattige Poetensteige, in denen sich das überhängende Gebüsch wie zu Lauben wölbt, wechseln mit lichten Wiesengründen und anmuthigen Gartenanlagen, deren Teppichbeete bald in brennendem Roth, bald in ernsterem Braun oder lichtem Blau prangen. Die Bäume stehen in der Fülle der Kraft und das sanft hügelige Terrain bildet eine immer wechselnde und immer reizvolle Scenerie, an der das Auge immer neue Schönheiten zu entdecken nicht müde wird. Gut gepflegter Rasen gleitet sanft an den Abhängen hernieder und bedeckt mit seinem hellgrünen Sammt weite Flächen; beständig öffnen sich uns neue reizvolle Durchblicke, Bänke laden zur Ruhe ein und die Linden wölben sich wie ein gastliches Dach darüber. Der Wald selbst ist noch ziemlich neuen Ursprungs. Der „Herrenkrug" war in früheren Zeitläuften eine Meierei, die dereinst den Frachtfuhrleuten auf der Landstrasse über Burg nach Berlin als Ausspannort gedient hatte; erst nach 1815 begannen die ersten Versuche, das ausgedehnte städtische Besitzthum, das in den Kriegszeiten, wo hier bald die Franzosen und bald die Russen gehaust hatten, gräulich verwüstet worden war, in einen „zur Erholung und Erheiterung für die Bewohner Magdeburgs" bestimmten Park umzuwandeln. Wieder war es der Oberbürgermeister

Francke, der sich mit warmem Eifer der jungen Schöpfung annahm, und seiner Thatkraft zumeist ist es zu verdanken, dass wir jetzt dieses köstlichen grünen Waldes uns erfreuen dürfen. Einfach und verständlich erzählen von den Anfängen des Parkes die Zeilen, die in einem steinernen, auf dem schönen busch- und blumenreichen Elbwege im Südwesten

Rondel.

des Herrenkrugs stehenden Sockel eingegraben sind: „Auf diesem wüst gelegenen Lande der vormaligen Meyerei Herrenkrug ward im Jahre 1818 auf Veranlassung des Oberbürgermeisters Francke, mit Bewilligung des Gemeinderaths, zur Erholung und Erheiterung für die Bewohner Magdeburgs dieser Park angelegt." Zwei andere Denkmäler in diesem Garten gelten dem Andenken des im Jahre 1801 verstorbenen Kammerraths und Bürgermajors Gabriel Gotthilf Faber, der einst an dieser Stelle einen Akazienhain angelegt hatte; ihn preist die Inschrift: „Dem Bepflanzer der Oede zum Danke" auf der Statue des Bacchus, die eine in Mägdesprung gegossene Nachbildung des von Wilhelm von Humboldt nach Tegel in Berlin gebrachten Originals ist, und ihn preisen ebenso die von verwandtschaftlicher Pietät eingegebenen überschwänglichen Verse an dem Sockel des aus

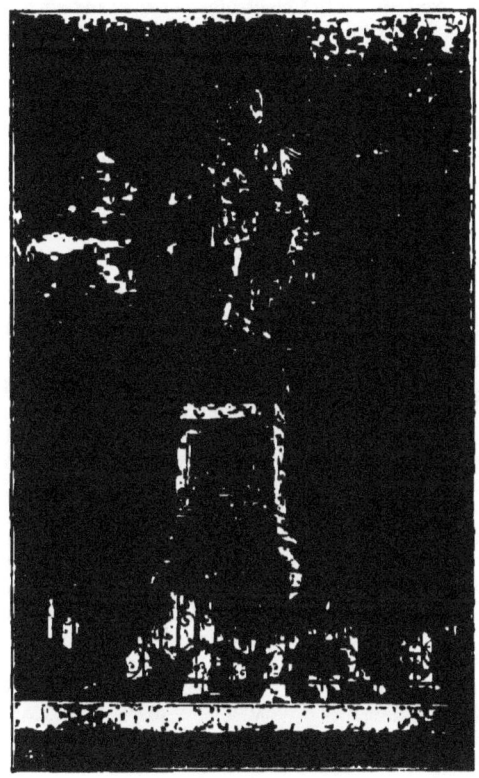

Neustädter Krieger-Denkmal.

einer der Wiesenflächen gelagerten gusseisernen Löwen, auf dessen Rücken die Magdeburger Buben ihre ersten Reiterkünste probiren: „Ihm schmückt sich rings die Flur mit ihrem Feierkleide. Ihm tönt aus Luft und Wald das Lied der Freude."

Jedenfalls können die Magdeburger von diesem Garten gar nicht Aufhebens genug machen, weil der Besitz dieses unmittelbar vor die Thore der Stadt gepflanzten Stückleins Natur nicht blos ihre ästhetische, sondern auch ihre praktische Seite hat, weil ihr Besitz nicht blos einen Besitz an Schönheit, sondern auch einen Besitz an Gesundheit bedeutet, sintemalen hier der arme geplagte Städter einen guten Schluck Sauerstoff zu sich nehmen, weil er hier einmal unter wirklichen Bäumen, auf schönen, schattigen Waldwegen lustwandeln und hier das von dem blendenden Glanze weissgetünchter Häusermassen ermüdete Auge ausruhen und erfrischen kann. Kein Wunder daher, dass jeden schönen Sonntag, den der liebe Gott werden lässt, ein Schwarm von Magdeburgern mit Kind und Kegel die Dampfschiffe füllt — ein ganzes Heer von Auswanderern, die hier draussen Waldesluft und Waldesduft und einen freien Blick über grüne Wiesen und in die blaue Ferne geniessen wollen.

Ein dritter öffentlicher Garten ist der im Süden der Stadt auf dem Rothen Horn zwischen der Strom-Elbe und der Alten Elbe angelegte Stadtpark, eine Schöpfung des vormaligen städtischen Gartendirectors Niemeyer, die an Reiz und Anmuth ihres Gleichen sucht. Gärtnerische Kunst hat hier entzückende Anlagen geschaffen, die mit den erlesensten Blumenschätzen geschmückt sind. Und auch der Norden endlich hat sein Stücklein Park in dem im Jahre 1820 östlich der Neuen Neustadt angelegten, an Rosen und Nachtigallen reichen Vogelgesang, dessen frisches Grün und Waldesluft insbesondere den Bewohnern dieser Vorstadt zu Gute kommen. Und grade für dieses neuerdings der Stadt Magdeburg einverleibte Städtlein bedeutet dieser dem Georgen- und Magdalenen-Kloster abgekaufte Park ein ganz unschätzbares Besitzthum. Denn auch in der Neustadt herrscht vor allem die Industrie mit ihren Werkstätten und Fabriken; auch hier ragt Schornstein an Schornstein empor, auch hier qualmen und rauchen die Schlote, auch hier pocht und hämmert es von früh bis spät. Aber bietet auch das Städtlein an sich nicht grade malerische Reize, so darf doch ein dort aufgerichtetes, dem Andenken der Gefallenen gewidmetes Denkmal wohl beanspruchen, unter den Sehenswürdigkeiten Magdeburgs verzeichnet zu werden. Die den Kirchplatz schmückende, von dem Berliner Bildhauer Neumann modellirte und von Gladenbeck gegossene Bronzegruppe stellt einen von der Kugel getroffenen, sterbend zusammenbrechenden Krieger dar, der von einem geflügelten Genius gestützt und zu den lichten Höhen des Ruhmes und der Unsterblichkeit emporgeführt wird. Mit der Rechten umschlingt der Genius, eine schönheitsverklärte, klassisch gewandete Frauengestalt, den Todesmüden; mit der hocherhobenen Linken weist er verheissungsvoll nach oben, während er den Kopf zu des Sterbenden Antlitz herniederbeugt. Niemand wird diese Schilderung des Sterbens fürs Vaterland ohne innere Bewegung betrachten können.

Albert Rathke's

Führer durch die Stadt Magdeburg und deren Umgebung.

Vorbemerkung: Die Seitenangaben beziehen sich auf W. Kawerau, „Magdeburg, ein Städtebild". Die Bezeichnung Pl. auf den Stadtplan von Magdeburg.

I.
Rundgang durch die Altstadt.

(Für halbtägigen Aufenthalt.)

Der Tunnel des Centralbahnhofes (S. 45) führt den Fremden durch das Portal des Leipziger Empfangsgebäudes auf die hier platzartig erweiterte Bahnhofstrasse (Pl. B 4). Schräg links über den Platz hinweg beginnt die Kronprinzenstrasse, durch welche man die prächtige Kaiserstrasse erreicht (S. 47). Sich rechts wendend, wandert man in südlicher Richtung am Stadttheater (S. 51 Pl. B 5) und dem Heydeckplatz (Pl. C 6) mit Vorbereitungsschule (S. 52) und Blick auf den Dom (Westseite) vorbei nach dem Hasselbachplatz (S. 47; Pl. C 7). Die Benutzung der links vom Ausgang der Kronprinzenstrasse haltenden „Trambahn" (Tramway-Bahn) bringt schneller zum Ziele. Vom Hasselbachbrunnen (S. 46), der mit dem Stadtwappen (S. 9) gezierten Seite gegenüber, führt die Tauenzienstrasse über die Bismarckstrasse hinweg in die vornehme Augustastrasse (S. 49). Man gehe links auf den Dom zu (Südseite), beachte linker Hand das Domgymnasium (S. 55) und die darauf folgenden herrlichen Privathäuser (S. 47 und 48), gegenüberliegend das Generalkommando, auch königliches Palais genannt (S. 52; Pl. C 6), die sich daran schliessenden Anlagen mit Friesendenkmal (S. 40 und 61) und Kriegerdenkmal (S. 39) und das sich an die Südseite des Domes schmiegende Consistorialgebäude (S. 40). Die Terrasse an der Elbseite der Anlagen — vom Kriegerdenkmal die breite Steintreppe hinab — gewährt einen Blick auf das Leben und Treiben auf der Elbe und auf den Stadttheil Buckau (S 67; Pl. 9, D, E F). Nach Norden zu bildet der Fürstenwall (S. 43) die Fortsetzung der gärtnerischen Anlagen. Am Anfange desselben liegen: rechts die Augenheil- und Badeanstalt (Dr. Schreiber), links im Schutze des Domes (Ostseite) alterthümliche Baulichkeiten. Links bemerkt man hinter tiefliegenden Gärten die Hinterfronten der Regierungsgebäude des Domplatzes und unmittelbar am Fürstenwall das Ober-Präsidium, einen Bau im Palaisstil mit zwei Seitenthürmen (S. 38, am Dome). Hinter der Anstalt Dr. Schreiber's erweitern sich rechts die Anlagen terrassenförmig bis zu dem alten Wartthurm („Kiek in Käken" d. h. Blick in die Küche des Erzbischofs). Von hier aus überblickt man die unterhalb hinführende **Fürstenuferstrasse**, den Bahnkörper, die Verladestellen, die Elbe mit der **Strombrücke** (links), jenseits die **Citadelle** (S. 68, Pl. E 4 u. 5) und den Kleinen Stadtmarsch. Von der Mitte des Fürstenwalles steigt man bei dem überwölbten Durchbruch (zwischen der Fürstenwallstrasse und der Fürstenuferstrasse) bequeme Steinstufen hinab in die Fürstenwallstrasse und an dem **Gouvernementsgebäude** (rechts) vorbei die etwas steile Gouvernementstrasse hinan (Pl. D 5). Das am Ende der Strasse geradeaus liegende Gebäude ist das **Landgericht** (No. 6). Man biegt nach links um und steht auf dem **Domplatze** vor dem **Museum** (S. 35—40). Nach rechts, um das Landgericht herum, erreicht man in wenigen Minuten die **Marienkirche** und das **Kloster Unser Lieben Frauen** (S. 27—29) in der **Regierungsstrasse**. An das Museum reihen sich: Wohnung des Regierungspräsidenten, Provinzialschulkollegium und Bezirksausschuss (No. 4), Königliche Regierung, Regierungshauptkasse (No. 3); an der Ostseite des Domes „Am Dom" befindet sich das **Staatsarchiv** (No. 1) und der Eingang zum **Kreuzgange** des Domes (S. 35). An der Nordseite des **Domes**, Pl. 6, C u. D (Paradiesthür, Schäfer am Dom), entlang gehend, erreicht man das Hauptportal zwischen den Thürmen. Gegenüber zeigt sich, nur durch die kurze **Domstrasse** getrennt, der **Breite Weg**, dem wir — nach einem Blick nach links auf das Doppelschulhaus der Augusta- und Edithaschule (S. 54) und nach rechts an der Westseite des Platzes mit der Artilleriekaserne, dem Militärlazareth bis zum Zeughaus (früher Nikolaistiftskirche) hin — zueilen. Das Eckhaus rechts (Breiteweg No. 1) ist wegen seines eigenartigen Hofes bemerkenswerth. Man gehe nach rechts (nach Norden) bis zum nächsten Strassenpaar; die **Breitestrasse** zeigt noch einmal Lazareth und Domplatz, die **Prälatenstrasse** drüben die **St. Sebastianskirche** (katholischer Gottesdienst). Man kann von hieraus nordwärts die Pferdebahn bis zum „Alten Markt" benutzen; doch lässt sich beim Wandern der Breite Weg mit seinen alterthümlichen Häusern und modernen Prachtbauten besser geniessen. Zu beachten sind links: Kaiserliche Post- und Telegraphengebäude (No. 203—206), Deutsch-Reformirte Kirche (No. 202 u. 203; wird demnächst abgebrochen, ist von der Postverwaltung erworben), Luisenschule (höhere Töchterschule; No. 199/200), Albert Rathke's Buchhandlung und Gemäldeausstellung (No. 196/197). Von der nächsten Strassenecke rechts (Steinstrasse) aus übersieht man den **Breiten Weg** bis zur **Katharinenkirche** (S. 41; Pl. C 3). Bis zum Alten Markte achte man auf die sagenumwobenen Häuser: das **weisse Ross** (rechts No. 19), der **schwarze Bock** (links No. 168) und das Haus „Zum 10. Mai" mit der Inschrift „Gedenke des 10. Mai 1631" (links No. 146, etwas über den

Alten Markt hinaus, bei der Haltestelle). Nach der Besichtigung des **Alten Marktes** (S. 21—24; Pl. D 4), mit **Kaiser Otto-Denkmal, Francke-Standbild,** Börse, **Rathhaus,** der dahinter liegenden **St. Johanniskirche** mit dem **Lutherdenkmal** vor dem Portale und des benachbarten neuen **Geschäftshauses der Stadt**, unter anderem **Bibliothek,** städtisches **Archiv** und **Sparkasse** enthaltend (S. 24—26), überschreite man, denselben Weg nehmend, den Breiten Weg und gehe in die schräg links gegenüber liegende **Grosse Münzstrasse.** In derselben erblickt man den Giebel des Hauses von **Otto von Guericke, die Reichsbank** und die Freimaurerloge Harpokrates. Ihr gegenüber gelangt man in die **Albrechtstrasse** und an dem Doppelschulgebäude, der **Guericke-** oder **Oberrealschule** und dem **Realgymnasium** (S. 53) vorbei in die **Brandenburgerstrasse.** An einem geräumigen Platze liegen **Friesenturnhalle** und **Kunstschule** (S. 54, Pl. B 4). An dem daneben stehenden **Feuerwehrdepot** rechts wendend, sieht man die Bahnhofsstrasse hinunter und ist in derselben weiterschreitend sogleich wieder beim **Centralbahnhofe,** dem Endziel des Rundganges.

II.
Besuch des Marktplatzes.

(Bei kurzem Aufenthalte in 1 Stunde bequem auszuführen.)

Vom Bahnhofs-Portal wie unter I. nach der Haltestelle der „Trambahn" durch die Kronprinzenstrasse gelangt, benutze man einen der Wagen, welche ostwärts in die Stadt hineinfahren (Bezeichnung: Werder, Friedrichstadt, Alte Neustadt) bis zum **Alten Markte** und fahre auf demselben Wege wieder zurück. Man beachte die **Ulrichskirche** (S. 11, Pl. C 4). Nähere Angaben unter I.

III.
Besuch des Domplatzes und der Anlagen am Fürstenwall.

(Bei kurzem Aufenthalte in 2 Stunden bequem auszuführen.)

Von der Haltestelle der Trambahn fährt man die Kaiserstrasse entlang bis zur Oranienstrasse (Heydeckplatz) Pl. C 6. Nach links führt diese an den Neubau des **Provinzialsteuergebäudes** vorbei über den Breiten Weg hinweg auf die Anlagen und den Dom zu (Pl. 6 C u. D). Vom Domplatz gelangt man durch die Breitestrasse (in der Mitte der Westseite) am **Lazareth** (rechts) und der **Artilleriekaserne** (links) vorbei auf den Breiten Weg, von hier **nordwärts** (rechts) mit der Pferdebahn („Neustadt, Zschokkestrasse, Ringstrasse") bis zur Alten Ulrichstrasse (links), durch diese an der Ulrichskirche (S. 11, Pl. C 4) vorüber nach der Trambahn-Kreuzung in der Kaiserstrasse und endlich durch die schräg links beginnende Kronprinzenstrasse wieder nach dem Bahnhofe. Nähere Angaben unter I.

IV.
Weitere Ausdehnung des Rundganges unter I.

a. Durch Trambahnfahrt oder Wanderung vom Alten Markt oder der Johanniskirche über die Brücken bis zur Haltestelle Mittelstrasse, zwischen dem Hafen und der Alten Elbe (Bezeichnung der Wagen: „Friedrichstadt" oder „Werder") und zurück. Zu beachten: Strombrücke (S. 25 u. 27, Pl. E 4) mit reizvollem Blick von der Mitte stromauf- und abwärts und vom Ende nach links bis zu den Bogen der Eisenbahnbrücke und dem Herrenkrug (S. 71 u. 72), die Citadelle (Pl. E 4 u. 5), Zollbrücke mit den Gruppen Handel, Schifffahrt (rechts), Handwerk und Ackerbau (S. 71, Pl. E 4), Hafen (Pl. E u. F 5), Kleiner Werder (Pl. E 3 u. 4), Grosser Werder (Pl. F 2, 3 u. 4) durch die Zollelbe getrennt, Lange Brücke über die Alte Elbe und die jenseits liegende Friedrichstadt (Pl. F 4).

b. Durch Besichtigung des Nordfrontterrains (S. 60). Vom Marktplatz fahre man mit dem nach der Alten Neustadt an der Rathhausfront nach links gehenden Wagen der Trambahn durch die Neue Jakobstrasse (S. 46, Pl. D 3) an der Jakobikirche (Pl. D 2) vorbei bis zum alten Begräbnissplatz, gehe darüber oder daran entlang nach der Haltestelle der Pferdebahn an der Ringstrasse und fahre von hier bis zum Eingange des Alten Marktes (Bezeichnung der Wagen: „Buckau, Sudenburg"). Man beachte an der Grenze der Altstadt (Krökenthor) und der Nordfront den im Strassenzuge markirten Platz, Kaiser Wilhelmsplatz (S. 60, Pl. C 2), für das Reiterstandbild des Heldenkaisers ausersehen. Nach der völligen Durchführung der Kaiserstrasse bis zu diesem Platze kann man durch dieselbe direct nach der Kronprinzenstrasse und dem Bahnhofe gelangen.

V.
Besuch der städtischen Promenaden- und Parkanlagen.

Bei Tagesaufenthalt kann ein Besuch der Anlagen, der Reihenfolge nach empfehlenswerth, dem Rundgang angeschlossen werden.

1) Nach dem Herrenkrug mittels der Trambahn nach der Friedrichstadt und von dort mit der Dampfbahn — oder mit Dampfer von der Strombrücke (links) oder vom Petriförder (Pl. E 3). Ausführliches über Weg, Fahrt und Park Seite 68—72.

2) Nach dem **Stadtpark** mit **Schützenhaus** und der **Salzquelle** (Luftkurort) an der **Rothenhornspitze** (Theilung der Stromelbe von der alten Elbe) mit **Omnibus** vom **Brückthor** (Pl. E 4) aus oder mit **Dampfer "Anna"** von der Anlegestelle bei der **Citadelle**, rechts von dem Ausgang der Strombrücke, in der Nähe des Strombades. Es ist empfehlenswerth bei genügender Zeit Hin- oder Rückweg (ca. 1 Stunde) vom Brückthor über die Strombrücke, an der Citadelle entlang, dann links einbiegend, den Promenadenweg verfolgend, über das Schützenhaus zu **Fuss** zurückzulegen.

3) Nach dem **Friedrich-Wilhelmsgarten** (Pl. D 8 und 9) von jeder Stelle des **Breiten Weges** mit der **Pferdebahn** (Wagen mit der Aufschrift „**Buckau**"). Ueber die Geschichte und die Schönheit des Parkes vergleiche S. 61—64. Durch **Ueberfahrt** mit einem kleinen Schraubendampfer, der in der Nähe des Gartens anlegt (Pl. E 9) lässt sich dieser Ausflug mit No. 2 verbinden.

4) Durchwanderung des wohlgepflegten **Promenadenweges** im Glacis vom **Ulrichsthor** (Pl. A 4) bis zum Sudenburgerthor mit seinen anmuthigen Durchblicken nach der Stadt (besonders dem Dome). Vor der Ueberschreitung der Bahngeleise sieht man rechts die städtischen **Schlacht- und Viehhofsanlagen** (S. 59, Pl. A 7). Die Wanderung lässt sich, indem man hinter dem Bahnkörper sich rechts hält und die Fahrstrasse überschreitet, bis zum **Wilhelmsgarten** fortsetzen (S. 63 Pl. 8 B und C) und so mit No. 3 verbinden.

5) Nach dem **Vogelgesang** gelangt man von jedem Punkte des **Breiten Weges** mit der **Pferdebahn** (Aufschrift „**Neustadt**"). Von der Endstation am Nordende der Neustadt führt die **Kastanienstrasse** zum Ziel. Die Neustadt schmückt ein sinnvolles Kriegerdenkmal (S. 74).

VI.
Besichtigungen.

1) **Dom** nach Meldung beim Domkustos am **östlichen Ende** des Kreuzganges (Eingang „Am Dom" Pl. D 6). Näheres S. 30—35. Darauf **Krieger-** u. **Friesendenkmal** (S. 39, 40 u. 61).

2) **Museum.** **Sonntag** und **Mittwoch** von 11 bis 1 Uhr Mittags und Mittwoch von 3—5 Uhr Nachmittags freier Eintritt, sonst von 11—1 und 3—5 Uhr 50 Pfg. Es enthält eine reiche Sammlung von kunstgewerblichen Gegenständen (Altdeutsches Zimmer, italienisches Zimmer u. s. w.), die Sammlung des Naturwissenschaftlichen Vereins (Geologische, Zoolog. Sammlungen, Aquarien und Terrarien u. s. w.), die **städtische Gemäldesammlung**, Frantz'sche Kupferstichsammlung, R. Wolfs Sammlung (Schmiedeeisen) **Herbarium**, **Käfersammlung** und anderes. Im Hof das Gebäude für die Kunstausstellungen.

3) **Rathhaus** (Bürgersaal) (S. 23) und neues **städtisches Geschäftshaus** mit **Stadtbibliothek**, **Stadtarchiv** und **Münzenkabinet**. Ueber werthvolle Drucke, Stiche und Handschriften, sowie über einschlägiges Material zu wissenschaftlichen Arbeiten giebt bereitwillig Auskunft der Bibliothekar und **Archivar Dr. Max Dittmar**. Die Bibliothek ist an den Wochentagen von 10 bis 1¼ Uhr Mittags geöffnet.

4) **Albert Rathke's Kunstsalon.** Breiteweg 196/97 I. Etage. Die Säle der Kunstausstellung, vom besten Licht begünstigt und elegant eingerichtet, enthalten Gemälde erster moderner Meister. Jede Woche Wechsel der Bilder. Ferner sind Skulpturen, Handzeichnungen, Radirungen stets ausgestellt. Reichhaltiges Lager an Stichen, Gravüren, Photographien etc. Eintritt 50 ₰. Jahreskarten für die Familie 5 ℳ, für einzelne Person 3 ℳ. 10 Karten 3 ℳ, Schülerkarten à 25 ₰.

5) **Hafenanlagen** bei der Alten Neustadt, mit der Trambahn (Aufschrift „Alte Neustadt R.", d. h. Rogätzerstrasse) von der Haltestelle an der Kaiserstrasse (siehe unter 1) oder vom Alten Markt erreichbar (S. 60 und 61, Bild S. 65).

6) Städtische **Schlacht- und Viehhofsanlagen** (S 59, Pl. A 7) Auf dem Promenadenwege (siehe V, No. 4) oder durch das Sudenburger Thor (Pl. B 8) erreichbar.

7) **Grusonwerk** und die hervorragenden Gewächshäuser des Geh. Commerzienrathes Hermann Gruson in Buckau. **Montag und Donnerstag** geöffnet. Die Gewächshäuser sind berühmt nicht nur durch ihre mustergültige Anlage und die reiche Fülle von Pflanzen aller Art, sondern auch durch die grosse Seltenheit von Blumen und durch Erzeugnisse der tropischen Gegenden. (1200 Orchideen — reichhaltigste Cacteensammlung, unvergleichlich schöne Farren- und Palmenvegetation); Pferdebahn vom Breiten Weg oder besser Eisenbahnverbindung.

8) **Neuer Friedhof** (Grabkapelle, Hasselbachs Grab) und neue **Krankenhausanlagen** an der Leipzigerstrasse (S. 57 und 58). Pferdebahn vom Breitenwege (Bezeichnung „Neuer Kirchhof").

9) Wild romantische **Steinbruchanlagen** hinter der Wilhelma, Ausschank der Actienbrauerei Neustadt. (Pferdebahnhaltestelle der Wagen vom Breitenwege aus; Bezeichnung '„Neustadt".

10) **Zschokkehaus** in der Schrotdorferstrasse (Pl. C 3) mit Gedenktafel.

11) Reste des alten **Franziskanerklosters** und **Lutherschule** zwischen der grossen Schul- und Dreiengelstrasse (S. 56 Pl. C 3).

12) **Basedow-Grabdenkmal** im St. Annendurchgang (Pl. D 4). Erneuert im September 1894.

VII.
Wohnung.

Hotels I. Ranges.

„Magdeburger Hof", Alte Ulrichstrasse 4, nahe dem Bahnhof und der Kaiserstrasse; „Central-Hotel", Bahnhofstrasse 4; „City-Hotel", Alte Ulrichstrasse 3; „Hotel Continental", Bahnhofstrasse 3; „Stadt Prag", Bärstrasse 1b; „Weisser Schwan", Breiteweg 161; „Fürst Bismarck", Bahnhofstrasse 9; „Müller's Hotel", Kronprinzenstrasse 9; „Stadt Braunschweig", Bahnhofstrasse 13; „Kaiserhof', Kutscherstrasse 21.

Hotels II. Ranges.

„Zur Eisenbahn", Bahnhofstrasse 6; „Goldener Stern", Bahnhofstrasse 8; „Thüringer Hof", Bahnhofstrasse 7; „Stadt Brandenburg", Wilhelmstrasse 7; „Grüner Baum", Wilhelmstrasse 6; „Hotel Weinstock", Schöneeckstrasse 8; „Hotel zum Kronprinz", Kronprinzenstr. 7; „Hotel Bellevue", Bahnhofstr. 2; „Rheinischer Hof", Prälatenstrasse 14 u. a.

Gasthöfe.

„Voller Mond", Schöneeckstrasse 10; „Schwarzer Bock", Schöneckstrasse 1a; „Goldener Arm", Georgenplatz 14; „Eichbaum", Regierungsstrasse 25; „Braunes Ross", Prälatenstrasse 33; „Berliner Hof", Johannisfahrtstrasse 16a; „Deutscher Hof", Knochenhaueruferstrasse 84; „Grosser Gasthof", Schrotdorferstrasse 15; „Stadt Cöln", Olvenstedterstrasse 73; „Hospiz" des evang. Vereinshauses, Bahnhofstrasse 29; „Zum goldnen Stein", Schrotdorferstrasse 20 u. a.

In Buckau. „Zum schwarzen Adler", Schönebeckerstrasse 53; „Zur Eisenbahn", Halleschestrasse 13; „Fortuna", Schönebeckerstrasse 69.

In Sudenburg. „Zur Sonne", Breiteweg 9; „Zum Löwen", Breiteweg 56; „Zum deutschen Kaiser", Langeweg 40; „Zur Linde", Breiteweg 78b; „Zum braunen Hirsch", Breiteweg 75.

In Neustadt. „Zum weissen Hirsch", Friedrichsplatz 2; „Kaiser Otto", Stendalerstrasse 39; „Preussischer Hof", Breiteweg 87.

In Friedrichsstadt. „Zum schwarzen Adler", Heumarkt 3; „Zum Regenbogen", Heumarkt 2; „Stadt Leipzig", Krakauerstrasse 8.

Privatwohnungen.

Für längeren Aufenthalt empfiehlt es sich für Manchen, sich eine möblirte Wohnung zu mieten, die im „Central-Anzeiger", und im „General-Anzeiger" täglich angeboten sind.

Ausstellungs-Räume des Albert Rathke'schen Kunst-Salons zu Magdeburg.
Die alten Säle. (Siehe Seite 84.)

VIII.
Beköstigung.

Wein-Restaurants.

Dankwarth & Richters, Breiteweg 55; Fuhrmann & Comp., Himmelreichstr. 4; C. Wegerich („Est Est"), Prälatenstrasse 1; Rathhauskeller, Alte Markt 15; „Café Hohenzollern", Breiteweg Nr. 140, I.; „Café Dom", Oranienstrasse 11; Paul Ebert, Kaiserstrasse 23; E O. Liebrecht, Steinstrasse 6; The Continental Bodega Compagnie, Alte Ulrichstr. 10; Oswald Nier, Leiterstrasse 13b; Otto Bastanier, Breiteweg 195; „Osteria", Jacobstrasse 50; Caspar Senft, Gr. Münzstrasse 2.

Bier-Restaurants.

„Altdeutsche Bierhalle", Kaiserstrasse 56 (originell eingerichtet). „Kaiserhalle", Kaiserstrasse (Allendorfer Bier, Oderkrebse). „Blauer Elefant", Kaiserstrasse 22 (Ausschank des Zacherl-Bräu). „Dessauer Waldschlösschen", Breiteweg 39 (Ausschank des Dessauer Edelbräu). „Flora", Lüneburgerstrasse 15 (Sommertheater und Balllokal, verbunden mit einem Café). „Franziskaner", Breiteweg 174 (anerkannte Küche). „Hofjäger", Ringstrasc 4a (schöner Concertgarten). „Münchener Hofbräu", Hasselbachstrasse (hochfeines Bier). „Union-Brauerei Dortmund", Breiteweg 224 (Ausschank des Dortmunder Bieres). „Ziesenhenne" (Schreibage's Restaurant, genannt „fideles Gefängniss"), Neue Ulrichstr. 1 (echtes Culmbacher!). H. Franke, Schöneeckstrasse 1 (Pilsener Ausschank, sehr empfohlen.)

Café's.

„Café Hohenzollern", Breiteweg 140 (monumentaler Prachtbau, sehenswerth). „Café Peters", Breiteweg 20 (elegantes grossstädtisches Local mit besonderem Damenzimmer). „Café National", Breiteweg 12 (Wiener Küche). Café im „Magdeburger Hof" (vornehmes Local). „Café Dom", Oranienstrasse 11 (elegantes und gemüthliches Café mit grossem Spielzimmer). „Conditorei von Sachtleben", Breiteweg 165 (feines Gebäck).

IX.
Verkehrsgelegenheit.

Strassenbahnen.

Die Pferdebahnen (Strassenbahn und Tramwaybahn) fahren innerhalb der Altstadt auf dem Breitewege, der Kaiserstrasse und der Jakobsstrasse in der Richtung von Süden nach Norden, von Westen nach Osten dagegen in der Wilhelm- und Ulrichstrasse, dem Alten Markt und der Johannisbergstrasse. Ausserdem verbinden sie sämmtliche Aussenstadttheile und den Neuen Kirchhof an der Leipziger Chaussee. Je nach den Entfernungen beträgt der Fahrpreis 10, 15, 20, 25 und 30 ₰. Fahrgelegenheiten in Pausen von wenigen Minuten.

Die Dampfbahn
schliesst sich in der Friedrichsstadt an die Trambahn an und
vermittelt den Personenverkehr nach dem Herrenkrug. In der
Woche nur Nachmittags von 2 Uhr an alle 24 Minuten. Sonntags,
auch Vormittags, von 8 Uhr stündlich; Nachmittags alle 10
Minuten. Fahrpreis 20 ₰, Kinder die Hälfte. Dutzendbillets
(im Wagen zu haben) billiger. Fahrzeiten am Alten Markt
und im Herrenkrug ausgehängt.

Dampfschiffe.
Vom neuen Fischerufer, Petriförder, fahren Dampfer
Sonntags und Mittwochs Nachmittags in halbstündigen Pausen
nach dem Herrenkrug. Einfache Fahrt 0.25 ℳ. Von der
Strombrücke links liegt die Anlegestelle des Dampfers
„Courier" (Herrenkrug) und rechts des Schraubendampfers
„Anna" (Salzquelle).

Ausserdem werden Lustfahrten nach Schönebeck, Grünewalde und anderen Orten im Sommer veranstaltet.

Bootfahrten.
Zu Bootfahrten auf dem Hafen und der Elbe werden Boote
mit und ohne Führer am Hafen (bei der Zollbrücke) vermietet.
Auch an der Rothenhornspitze (Salzquelle) stehen Boote zur
Verfügung.

Droschken.
Droschken sind am Bahnhof, in der Kaiserstrasse, auf
dem Alten Markt, am Brückthor und anderen Orten aufgestellt.
Eine Fahrt innerhalb der Stadt kostet für 1 bis 2 Personen
0.60 ℳ, für 3 Personen 0.80 ℳ, für 4 Personen 1 ℳ.
Handgepäck ist frei, grössere Stücke nicht. Ueber
Fahrten nach bestimmter Zeit, ½ Stunde, 1 Stunde etc.,
sowie über Fahrten über die Innenstadt hinaus giebt die
Taxe, die jeder Droschkenkutscher bei sich führen und auf
Verlangen vorzeigen muss, Auskunft. Ueber Fahrten, die in
der Taxe nicht genannt sind, muss man vor der Fahrt mit dem
Kutscher ein Uebereinkommen treffen.

Dienstmänner.
Dienstmänner (Kofferträger) sind am Ausgang des
Bahnhofs und an den Hauptverkehrsstellen der Stadt aufgestellt.
Sie haben besondere billige Tarife, die sie auf Verlangen vorzeigen. Vereinbarung vor dem Dienst ist zu empfehlen. Beschwerden sind im Polizeipräsidium, Neue Ulrichstrasse 2,
anzubringen.

Post.
Das Hauptpostamt und die Oberpostdirection befindet sich
Breiteweg 204—205. Andere Postämter befinden sich auf dem
Centralbahnhof, in der Grossen Münzstrasse 7; in der Nähe
das Alten Marktes, Hauptwache 11; Blauebeilstrasse 12. Ferner
in der Neuen Neustadt, Breiteweg 117; in der Alten

Neustadt, Sieversthorstrasse 3; auf dem Werder, Kahnstrasse 2; in der Friedrichsstadt, Brückstrasse 10; in Buckau, Schönebeckerstrasse 104; in der Sudenburg, Breiteweg 122.

Telegraphie.
Das Haupttelegraphenamt befindet sich Breiteweg 206. Depeschen werden auch auf den Postämtern angenommen.

Fernsprecheinrichtungen
befinden sich innerhalb der Stadt ca. 2000. Alle grösseren Gasthöfe und bessere Restaurants sind angeschlossen und überlassen ihren Gästen die Benutzung des Apparats zu Gesprächen innerhalb der Stadt unentgeltlich. Mit Berlin, Aschersleben, Braunschweig, Bernburg, Calbe a. S., Cöthen, Dessau, Halberstadt, Hamburg, Hannover, Helmstedt, Hildesheim, Schönebeck und Stassfurt u. a. O. besteht ausserdem directe Verbindung.

X.
Unterhaltung und Vergnügungen.

Theater.
Das **Stadttheater** (Kaiserstrasse). Saison ungefähr vom 15. September bis Ende April. Oper, Schauspiel, Ballet. Parquetplatz: 2.50 ℳ. Anfang 7¼ Uhr. Pferdebahnhaltestelle.
Das **Wilhelmtheater** (Berlinerstrasse). Saison ungefähr wie im Stadttheater. Lustspiel, besonders Novitäten, Operetten, Possen. Parquetloge: 1.50 ℳ. Anfang 7½ Uhr.
Das **Victoriatheater** auf dem Werder. (Sommertheater.) Lustspiel-Novitäten. Parquet, Sperrsitz: 1.50 ℳ. Anfang 7½ Uhr. Pferdebahnhaltestelle.
Das **Floratheater**, Lüneburgerstrasse. (Sommertheater.) Lustspiele. Sehr billige Preise. Pferdebahnhaltetelle.

Spezialitäten-Theater.
Concordia-Theater, Apfelstrasse 12.

Concertsäle.
Der „Fürstenhof", Kaiserstasse 93 u. 94 und Prälatenstrasse 23; die „Freundschaft" (Vereinshaus), der „Hofjäger" vor dem Ulrichsthor; „Odeum", auf dem Werder; „Concerthaus", vor dem Sudenburgerthor; „Krystallpalast", Leipzigerstrasse; „Flora", in der Neuen Neustadt.

Concertgärten.
Stadttheatergarten; Richardt's Restaurant, Katzensprung 9; „Hofjäger"; Werner's Garten; Freddrich's Garten an der Diesdorferstrasse; „Odeum"; „Wilhelma"; „Flora", Neue Neustadt; Friedrich Wilhelms-Garten; Herrenkrug; Concerthaus und Krystallpalast Leipziger Chaussee. Näheres geben an die Inserate in den Anzeigen-Blättern und die Plakate an den Anschlagsäulen.

XI.
Badegelegenheiten.

Winter- und Heilbäder.

1) Dr. P. Schreiber's Bade- und Heilanstalt, Fürstenwall 3a. Zellenbäder für Damen und Herren. Täglich von 7 Uhr früh bis 7 Uhr Abends, Sonntags bis 1 Uhr. Das römische Bad für Damen im Sommer nur von 7—8$^1/_2$, im Winter von 8—9$^1/_2$ Uhr.

2) Magdeburger Bade- und Wasch-Anstalt, Fürstenstrasse 23b. Schwimmbäder für Damen und Herren zu jeder Tageszeit geöffnet. Geschlossen nur Sonntags und Dienstags von 1 Uhr an. Salon- und Zellenbäder jeder Zeit. Römisch-irische Dampfbäder für Herren: Sonntag, Dienstag, Mittwoch, Sonnabend von 9—11 Uhr und alle Nachmittage (mit Ausnahme des Dienstags) von 3—6$^1/_2$ Uhr. Für Damen: Montag, Donnerstag, Freitag von 9—11 und Dienstag von 3—6$^1/_2$ Uhr.

3) Helenenbad, Gneisenaustrasse 3. Salon- und Zellenbäder; Massage, Einpackungen, Dampfbäder.

4) Annabad, Neustadt, Hospitalstrasse 13. Schwimm- und Douchebäder; römische Dampfbäder.

5) Die städtische Volksbadeanstalt, Grosse Schulstrasse 5, kalte und warme Douchebäder, Preis 10 ₰, (Sonnabend und Sonntag 5 ₰; darum meist sehr besucht).

Sommerbadeanstalten.

1) Die städtische Badeanstalt, auf dem Werder (unentgeltlich), in der alten Elbe.

2) Das Suhr'sche Strombad, an der Citadelle. Schwimmbassin: für Herren von 5—7 Uhr und von 9 Uhr bis Abends 10 Uhr, für Damen von 7—9 Uhr Morgens. Zellenbäder von 5 Uhr Morgens bis Abends 10 Uhr für Herren wie für Damen.

3) Die Katerbow'sche Badeanstalt, Werder, Mittelstrasse 9b, Schwimmbassin für Herren und Damen.

4) Die Pionier-Schwimmanstalt, Werder.

5) Die Nordt'sche Schwimmanstalt in Buckau, An der Elbe 14.

6) Die Hartmann'sche Badeanstalt in der Neustadt, Hospitalstrasse 13.

7) Die Güdecke'sche Badeanstalt in der Neustadt, Ottenbergstrasse 45.

XII.
Geld- und Geschäftsverkehr.

Reichsbankgebäude, Grosse Münzstrasse 6, von 8—1 und 3—5 Uhr.

Bankgeschäfte: E. Alenfeld & Co., Breite Weg 1; Dingel & Co., Domplatz 8; Magdeburger Bankverein, Kaiserstrasse 78; Magdeburger Privatbank, Kaiserstrasse 25; F. A. Neubauer, Breite Weg 212; Wilh. Schiess, Breite Weg No. 13; Voegt & Co., Breite Weg 51a; Ziegler & Koch, Breite Weg 150.

Auskunftsbureaux. Ad. Jacoby, Kaiserstrasse 103; F. Jüntsch, Tauenzienstrasse 2; Alb. Klingner, Bandstrasse 5; Niehaus & Co., Sternstrasse 3; M. Papenroth, Scharnhorststrasse 8a; Aug. Riecke, Steinstrasse 4; A. Woldmann, Breite Weg 246; A. v. Wolfson, Breite 80.

XIII.
Behörden.

Magistrat, im Rathhause.

Das Königliche Oberpräsidium, Fürstenwallstr. 20.

Provinzialrath der Provinz Sachsen, Fürstenwallstrasse 20.

Das Königliche Provinzial-Schul-Collegium, Domplatz 4, Dienststunden von 8—3 Uhr.

Königliches Medizinal-Kollegium der Provinz Sachsen, Fürstenwallstrasse 20.

Die Königliche Elbstrombau-Verwaltung, Domplatz 2, von 8—3 Uhr.

Das Königliche Staats-Archiv, im Seitengebäude des Doms, von 9—2 Uhr.

Das Königliche Consistorium Domplatz 1, von 8—3 Uhr.

Die Königliche Regierung, Domplatz 3 und 4, von 8—3 Uhr.

Das Königliche Polizeipräsidium, Neue Ulrichstr. 2.

Die Königliche Provinzial-Steuerdirection, Prälatenstrasse 36, von 8—12 und 2—6 Uhr.

Königliche Direction der Rentenbank für die Provinz Sachsen und Hannover.

Die Königliche Eisenbahndirection, Fürstenstrasse 1—10, von 8—1 und 4—7 Uhr.

Reichsbank-Hauptstelle, Gr. Münzstrasse 6.

Königliche Ober-Postdirection, Breiteweg 204/6.

Königliches Landgericht, Domplatz 6 und Thränsberg 43/45.

General-Kommando des 4. Armee-Korps.

XIV.
Zeitungen.

Die „Magdeburgische Zeitung", Bahnhofstrasse 17. Der „General-Anzeiger", Breiteweg 203. Der „Amtliche Anzeiger", Bärplatz 9. Der „Central-Anzeiger", Breiteweg 138 u. a. Zeitungen. Auch kirchliche, pädagogische, historische Monatsschriften und ausserdem Vereinszeitungen in grösserer Zahl erscheinen in Magdeburg.

XV.
Erinnerungen an Magdeburg

hält die Buch-, Kunst- und Musikalienhandlung von Albert Rathke, Breite Weg 196/97, stets vorräthig; es sind daselbst photographische Ansichten der Stadt und deren Sehenswürdigkeiten in Visit- und Kabinetformat in reichster Auswahl vorhanden, auch Albums von Magdeburg in verschiedenen Grössen, Postkarten mit Ansichten und dergl. mehr.

Zum gleichen Zwecke eignen sich auch Schriften über Magdeburg (siehe Innenseite des Umschlages), sowie die mannigfaltigen Gegenstände des Kunsthandels, die in vorzüglichster Ausführung in dem genannten Geschäft zu haben sind.

www.ingramcontent.com/pod-product-compliance
Lightning Source LLC
Chambersburg PA
CBHW020259090426
42735CB00009B/1145